Orient all inclusive

Orient all inclusive
Eine Reise ins Morgenland auf den Spuren der k.u.k. Monarchie
Un viaggio nelle terre di Levante sulle orme dell'Impero austroungarico

Ein Reisetagebuch, aufgezeichnet nach Reiseberichten und Reiseführern der Zeit um 1900 von Elmar Samsinger

Un diario di viaggio ispirato a testimonianze e guide dell'epoca di Elmar Samsinger

Folio Verlag, Wien/Bozen

Folio Editore, Vienna/Bolzano

Orient all inclusive
EINE REISE INS MORGENLAND
AUF DEN SPUREN DER K.U.K. MONARCHIE

HERAUSGEBER
Tourismusmuseum Schloss Trauttmansdorff –
Touriseum, Meran

KURATOR DER AUSSTELLUNG UND AUTOR
Elmar Samsinger

KOORDINATION
Paul Rösch, Monika Platzer

MITARBEIT
Gabriele Fischer-Szilagyi

ITALIENISCHE ÜBERSETZUNG
Katia De Gennaro

DIGITALFOTOGRAFIE
Andreas Marini

GRAFIK UND AUSSTELLUNGSGESTALTUNG
Gruppe Gut, Bozen

SCHRIFTEN
The Mix, FF Scala, Scala Sans

PROGRAMM
InDesign 2.0

PAPIER
Innenseiten: Gardamatt 115 g/m²
Umschlag: Gardamatt 300 g/m²

DRUCK
Printer, Trient

März 2006. Alle Rechte vorbehalten.

DIE AUSSTELLUNG ZUM KATALOG
1. April–16. Juli 2006
in der Remise von Schloss Trauttmansdorff

TOURISEUM Schloss Trauttmansdorff
St. Valentin-Str. 51a, I-39012 Meran
www.touriseum.it

FOLIO VERLAG, Wien/Bozen 2006
ISBN-10: 3-85256-342-9, ISBN-13: 978-3-85256-342-8
www.folioverlag.com

Orient all inclusive
UN VIAGGIO NELLE TERRE DI LEVANTE
SULLE ORME DELL'IMPERO AUSTROUNGARICO

A CURA DI
Museo del Turismo Castel Trauttmansdorff –
Touriseum, Merano

ESPOSIZIONE E TESTI DI
Elmar Samsinger

COORDINAZIONE
Paul Rösch, Monika Platzer

COLLABORAZIONE
Gabriele Fischer-Szilagyi

TRADUZIONE ITALIANA
Katia De Gennaro

FOTOGRAFIE DIGITALI
Andreas Marini

GRAFICA E IDEAZIONE MOSTRA
Gruppe Gut, Bolzano

CARATTERI
The Mix, FF Scala, Scala Sans

PROGRAMMA
InDesign 2.0

CARTA
Pagine interne: Gardamatt 115 g/m²
Copertina: Gardamatt 300 g/m²

STAMPA
Printer, Trento

Marzo 2006. Tutti i diritti riservati.

LA MOSTRA TEMPORANEA INERENTE IL CATALOGO
1° aprile–16 luglio 2006
nella ex rimessa di Castel Trauttmansdorff

TOURISEUM Castel Trauttmansdorff
Via San Valentino 51a, I-39012 Merano
www.touriseum.it

FOLIO EDITORE, Vienna/Bolzano 2006
ISBN-10: 88-86857-71-3, ISBN-13: 978-88-86857-71-0
www.folioverlag.com

Vorwort	*Prefazione*	6
»Ägypten ohne Ägypter« Ein Gespräch mit Elmar Samsinger	*«L'Egitto senza egiziani»* *Colloquio con Elmar Samsinger*	9
Reiseroute	*Itinerario*	16
»Wenn einer eine Reise tut …«	*«Chi fa un viaggio ha qualcosa da raccontare»*	19
Unter Dampf nach Konstantinopel	*A tutto vapore verso Costantinopoli*	45
An den Gestaden der Levante	*In viaggio lungo le sponde del Levante*	67
Mit Pilgerstab und Baedeker	*Bastone da pellegrino e guida Baedeker*	85
Im Lande der Pharaonen	*Nella terra dei faraoni*	103
Auf hoher See mit Semiramis	*In alto mare con Semiramide*	131
Mit Wehmut gedenk ich …	*Ricordi malinconici*	143
Ansichtskartenalbum	*Album di cartoline illustrate*	151
ZEITTAFEL	CRONISTORIA	210
REISEBIBLIOTHEK	LETTERATURA DI VIAGGIO	214
BILDNACHWEIS	REFERENZE FOTOGRAFICHE	216

Vorwort

Der moderne Tourismus durchdringt die Welt und ist gleichzeitig eine Welt für sich, mit eigenen Gesetzlichkeiten, meint der Volkskundler Hermann Bausinger und bezeichnet die Reisebüros als Supermärkte der mobilen Gesellschaft. Besonders die »all inclusive«-Reise hat eine eigene Welt für sich aufgebaut, eine Realität, die oft wenig mit jener des bereisten Landes und der Bevölkerung zu tun hat. Eigene Vorstellungen, Phantasien und Ansprüche der Kunden werden in die Reisedestination projiziert und von den Reiseveranstaltern nach besten Möglichkeiten erfüllt.

Die »all inclusive«-Reise ist keine Erfindung unserer Zeit. Der Engländer Thomas Cook organisierte 1841 für eine Gruppe von 570 Personen seine erste Gesellschaftsreise von Leicester nach Loughborough. Die Reise war ein großer Erfolg, weitere folgten und er gründete in Folge ein Reisebüro, das bald weltweit agierte, weitere Reisebüros entstanden und bald war es möglich, sogar Weltreisen zu buchen. Die »all inclusive«-Reise war geboren. Bargeldlos und dank der Erfindung der modernen Reiselogistik, mit Dampfschiffen, Orient Express, luxuriösen Unterkünften wurde das Reisen vergnüglich. Vorausgesetzt, man/frau konnte sich dies finanziell leisten.

Die Mechanismen und die Art des Reisens von damals und heute ähnln sich sehr. Heute können wir eine Reihe von Parallelen in den damaligen exklusiven Reisen finden, die die Basis bilden, auf die heutige Reisen aufbauen, angefangen bei den Pauschalreisen, über moderne Werbung, technische Fortbewegungsmittel, Unterkünfte und vieles andere mehr.

Prefazione

Il mondo, dice lo studioso della civiltà Hermann Bausinger, è pervaso dal turismo moderno, il quale a sua volta forma un mondo a parte, con proprie leggi. Le agenzie di viaggio diventano, così, i supermercati della società mobile. Il viaggio «tutto compreso», in particolare, ha creato un mondo a sé stante, una realtà che spesso ha ben poco a che vedere con la terra visitata e la popolazione locale. I turisti proiettano il proprio immaginario, le proprie fantasie e le proprie aspettative sulla meta e i tour operator cercano di soddisfarli in ogni modo.

Ma il viaggio all inclusive non è un'invenzione dei nostri giorni. Nel 1841, in Inghilterra, Thomas Cook organizzò per 570 persone il suo primo viaggio in comitiva, da Leicester a Loughborough. La gita fu un grande successo e ne seguirono altre finché Cook si decise ad aprire un'agenzia di viaggio che ben presto iniziò a operare nel mondo intero. Poi alla prima si aggiunsero altre agenzie, e poco dopo divenne possibile prenotare presso la Cook nientemeno il giro del mondo. Era nato il viaggio all inclusive. Senza bisogno di denaro contante, grazie alla moderna logistica dei trasporti, con piroscafi e Orient Express, e grazie agli alberghi di lusso, il viaggio divenne un divertimento – per le persone che se lo potevano permettere, beninteso.

I meccanismi del turismo e il modo di viaggiare di allora sono molto simili a quelli di oggi. Ci sono una serie di elementi di quei viaggi di lusso del passato che costituiscono tuttora le basi del turismo moderno: la modalità del «tutto compreso», la pubblicità, i mezzi di trasporto, gli alloggi, ecc. Fare raffronti e individuare le analogie tra ieri e oggi è uno degli obiettivi

Vergleiche zu ziehen und Ähnlichkeiten herauszufinden ist eines der Hauptziele dieses Projektes. Vor dem Panorama der beliebten Orientreisen um 1900 bietet sich das Thema der »all inclusive«-Reise ideal an, beschert dem Museum eine Prise Exotik mit neuen Aromen und Gewürzen. Zudem weitet sich der Blick über den lokalen Tellerrand.

Mit der Orientreise versuchen wir, ein spannendes Stück Reisegeschichte des 19. Jahrhunderts zu erzählen. Die luxuriös Reisenden Europas reisen mit Vorliebe in den Orient, angezogen von den Bildern aus tausendundeiner Nacht und den phantasievollen Malereien der damaligen Zeit. Bis heute hat diese Exotik kaum etwas eingebüßt.

Die Reisenden pflegten kaum Kontakte zur lokalen Bevölkerung, man blieb unter sich, ein Reiseslogan von Thomas Cook lautete gar: »Ägypten ohne Ägypter«. Die noblen Grand Hotels unterschieden sich an Ausstattung, Luxus und Service kaum von jenen der etablierten Tourismusorte in Europa – eine Gleichschaltung, die nicht nur Komfort standardisierte, sondern auch austauschbar machte.

Eng mit dem nahen Osten verbunden sind die nationalen Kolonialisierungsbestrebungen. So unterhielt das k.u.k. Österreich verschiedene Konsulate, es entstanden eigene Postämter und es wurden große Investitionen von Seiten der Monarchie getätigt. Der blühende Orienttourismus ist Ausdruck dieser rasanten Entwicklung, wird quasi zum Sekundäreffekt, der die eurozentristische Weltsicht um 1900 auf seine Weise reproduzierte.

Aber auch weniger betuchte Menschen reisen in den Orient: die Pilger. Das Heilige Land mit den religiösen Städten wie Jerusalem und Bethlehem waren die großen Ziele. Eigens ins Leben gerufene Pilgervereine organisierten minutiös die gesamte Reise, als Beispiel sei der aktive Brixner Pilgerverein erwähnt, der mehrere Jahre hindurch der lokalen Bevölkerung eine Reise in den exotischen Orient ermöglichte. Im Gegensatz zu den luxuriösen Orientreisen können diese Reisen als Reisen der Armen bezeichnet werden.

Von der Orientreise brachten die Reisenden zahlreiche Erinnerungsstücke mit wie

principali del presente progetto. I suggestivi viaggi in Oriente degli inizi del Novecento costituiscono un soggetto ideale per la nostra ricerca; in più, portano nel museo una ventata esotica che profuma di droghe e spezie e invita i visitatori a volgere lo sguardo a paesi lontani.

Con questo viaggio nelle terre del Levante vogliamo narrarvi un capitolo avvincente della storia dei viaggi ottocenteschi. I ricchi viaggiatori europei prediligevano proprio l'Oriente, suggestionati dalle immagini delle Mille e una notte e dalle fantasiose pitture orientaleggianti – del resto, questo esotismo si è conservato pressoché invariato fino ad oggi. I turisti, tuttavia, quasi non entravano in contatto con la popolazione locale, preferivano restare tra di loro, tanto che uno slogan pubblicitario di Thomas Cook prometteva ai propri clienti «l'Egitto senza egiziani». Quanto a comodità, lusso e qualità del servizio, i grandi alberghi dell'Oriente non avevano nulla da invidiare a quelli delle più affermate località turistiche europee: un'omologazione che non solo standardizzò il comfort, ma lo privò anche della dimensione locale.

Il fenomeno dei viaggi nel Levante è strettamente legato alle mire colonialiste delle potenze occidentali in Medio Oriente. L'Impero austroungarico si dotò di consolati, aprì vari uffici postali ed effettuò grandi investimenti in quelle terre. Il fiorire del turismo d'Oriente è espressione di tale contesto politico-economico, una specie di effetto secondario che riproduce, a modo suo, la visione eurocentrica del mondo a cavallo tra Ottocento e Novecento.

Ma non soltanto i ricchi si recavano in Oriente, vi arrivava anche gente meno agiata: i pellegrini, le cui mete privilegiate in Terra Santa erano, ovviamente, Gerusalemme e Betlemme. Associazioni di pellegrini appositamente fondate si occupavano di organizzare minuziosamente l'intero tragitto. L'associazione dei pellegrini di Bressanone era particolarmente attiva e organizzò per anni viaggi in Terra Santa per i fedeli tirolesi. Dunque, se da una parte c'erano i viaggio di lusso, dall'altra esistevano anche i viaggi dei poveri.

Dai loro viaggi i turisti tornavano carichi di souvenir come narghilè, fez, tappeti, stampe, con cui decorare l'inevitabile «stanza orientale»

Wasserpfeife, Fez, Teppiche, Drucke. Mit diesen Stücken wurde dann zuhause gerne das obligatorische Orientzimmer eingerichtet. Für jeden Orientreisenden aus »gutem« Hause ein Muss – inszenierte Urlaubsphantasien.

Auf diese Orientreise hat uns als »Reiseleiter« Elmar Samsinger begleitet. Der aus Innsbruck stammende und in Wien arbeitende Asylrichter hat sich seit längerem – auch aus beruflichen Gründen – mit dem Orient und der Geschichte der k.u.k. Monarchie im Orient auseinander gesetzt. Er ist stolzer Besitzer eines Orientzimmers, einer Sammlung, auf die wir in der Ausstellung sowie beim Bildmaterial im vorliegenden »Reisebericht« bauen konnten. Statt eines rein wissenschaftlichen Katalogs haben wir uns für eine vergnügliche Lektüre entschieden, für eine fiktive Reisebeschreibung, die in Wien mit den Reisevorbereitungen um 1899 beginnt. Die verschiedenen Besuche der Levante geben den Leserinnen und Lesern Einblick in den Orient aus der Sicht eines Reisenden jener Zeit. Elmar Samsinger hat dies aus verschiedenen historischen Reiseberichten um 1900 zusammengetragen und zu einer einzigen Geschichte – auch mit all den subjektiven Eindrücken – zusammengesetzt.

PAUL RÖSCH
Direktor des Touriseum

di casa. Allestire una «stanza orientale» era un modo per mettere in scena le proprie fantasie vacanziere e un must tra i viaggiatori altolocati.

Il «capocomitiva» che ci accompagnerà nel nostro viaggio in Oriente è Elmar Samsinger, magistrato del Tribunale austriaco per le richieste d'asilo, nato a Innsbruck e residente a Vienna. Per interesse personale ma anche per motivi di lavoro, Samsinger da tempo si dedica allo studio dell'Oriente e della storia dell'Impero austroungarico in quelle terre. Anche a casa sua c'è una specie di «stanza orientale»: si tratta di una ricca collezione privata da cui il museo ha attinto materiale per la mostra e anche per l'illustrazione del presente «racconto di viaggio». Invece di pubblicare il solito catalogo prettamente scientifico, abbiamo scelto di proporre ai visitatori della mostra una piacevole lettura: il racconto di un viaggio fittizio che ha inizio a Vienna con i preparativi, attorno al 1899. Le testimonianze delle visite nei singoli paesi presentano l'Oriente dal punto di vista di un viaggiatore dell'epoca. Per comporre il diario, l'autore si è servito di una serie di testimonianze del passato, costruendo un'unica storia condita di impressioni e visioni assolutamente soggettive.

PAUL RÖSCH
Direttore del Touriseum

Gespräch
Colloquio

ORIENT ALL INCLUSIVE

»Ägypten ohne Ägypter«
Gespräch mit Elmar Samsinger

«L'Egitto senza egiziani»
Colloquio con Elmar Samsinger

Ein Asylrichter, der einem Museum eine Ausstellung über Orientreisen um 1900 anbietet, kommt nicht allzu oft vor.
Das mag nur im ersten Moment überraschen. Die Tätigkeit im Asylbereich gleicht oft einer Reise in die Vergangenheit, Sachverhalte von heute lassen sich oft nur verstehen, wenn man die Geschichte kennt. Die Orientreise um 1900 soll Licht auf die vielfältigen historischen Berührungspunkte von Orient und Okzident werfen, um uns heute vielleicht ein differenzierteres Bild der Länder des Nahen Ostens zu ermöglichen.

Sie haben sich zusätzlich zu Ihrem Rechtsstudium intensiv mit dem Orient befasst.
Stimmt, neben dem Studium der Rechtswissenschaft habe ich einige Semester Geschichte, Kunstgeschichte und Volkswirtschaftslehre studiert, eine Orientalistikausbildung folgte in der Wiener Hammer-Purgstall-Gesellschaft. Derzeit bin ich als Mitglied des Unabhängigen Bundesasylsenates in einem Orientsenat tätig, für den ich an fact-finding-missions in Armenien, Georgien und im Kosovo teilgenommen habe. Seit kurzem bin ich Mitglied des Staatendokumentations-Beirates des Bundesministeriums für Inneres.

Ich nehme an, dass Sie eine ausgeprägte Reiseleidenschaft in fremde Länder von früh an motiviert hat, sich mit anderen Kulturen zu beschäftigen. Wurde Ihnen diese Leidenschaft in die Wiege gelegt?
Meine Eltern haben mich als Kind auf Reisen mitgenommen und damit in mir das Interes-

È insolito che il giudice di un Tribunale per le richieste di asilo politico proponga a un museo un'esposizione sui viaggi in Oriente agli inizi del Novecento.
Di primo acchito si può restare sorpresi, ma a ben vedere il lavoro a stretto contatto coi rifugiati spesso e volentieri somiglia proprio a un viaggio indietro nel tempo: molti fatti di oggi non si possono comprendere se si ignora il passato. Questa mostra dedicata ai viaggi in Oriente a cavallo tra Ottocento e Novecento intende portare alla luce i molteplici punti di contatto storici tra Oriente e Occidente fornire al visitatore gli elementi per un'immagine nuova, differenziata dei paesi del Medio Oriente.

Accanto ai suoi studi di giurisprudenza, Lei si è occupato in modo approfondito anche della storia e cultura delle terre d'Oriente.
È vero, oltre a laurearmi in giurisprudenza, all'università sono stato iscritto per alcuni semestri a storia, storia dell'arte ed economia politica e, in seguito, ho studiato orientalistica presso la Hammer-Purgstall-Gesellschaft di Vienna. Attualmente, all'interno del Tribunale federale indipendente per il diritto d'asilo, lavoro nella sezione per l'Oriente, per la quale ho partecipato ad alcune missioni conoscitive in Armenia, in Georgia e nel Kossovo. Da poco sono membro della Consulta per la documentazione sugli Stati del ministero degli Interni austriaco.

Immagino che una forte passione per i viaggi in terre lontane L'abbia spinto sin da giovane ad avvicinarsi a culture diverse dalla sua. Lei è nato con questa passione?

se und die Neugierde auf Kunst und Kultur geweckt. Sie selbst haben bis ins hohe Alter große Fernreisen gemacht und darüber auch Filmvorträge gehalten.

Und Ihre Orientleidenschaft?
Die habe ich einer Freundin zu verdanken, die 1978 plötzlich auf die Idee kam, nach Istanbul zu fliegen. Das war für uns damals eine Offenbarung. Kann mich noch gut an die Gefühlsmischung von Faszination und ein wenig Angst vor dem Unbekannten erinnern. Die Orientsehnsucht war jedoch geweckt, noch im selben Jahr fuhren wir mit dem PKW in die Westtürkei, dann folgten Syrien, Jordanien, Zentral- und Ostanatolien und inzwischen fast alle Länder der Levante. Dazu kamen die Länder der Seidenstraße und der Kaukasus, den ich auch beruflich bereiste.

Wie sind Sie dann weiter zum Thema Österreich und das Morgenland gekommen?
Ursprünglich hab ich vor etwa sechs Jahren begonnen, an einem Buch zu diesem Thema zu schreiben. 2002 gestaltete ich für die ARTE-Dokumentation »Das Reich des Sultans« das Wien-Kapitel. Irgendwann gab es dann eine Verknüpfung mit dem Orienttourismus. Dabei sind sehr praktische Fragen aufgetaucht, etwa ob es um 1900 schon Reisebüros gab, wie man damals in den Orient reiste, ob man einen Reisepass benötigte, wie man bezahlte, welchen Standard die Hotels hatten und dergleichen mehr.

I miei genitori mi hanno sempre portato con sé nei loro viaggi, risvegliando in me l'interesse e la curiosità per l'arte e la cultura. Hanno continuato a viaggiare e a presentare in pubblico i filmati fino a un'età molto avanzata.

E la Sua passione per l'Oriente?
La devo a un'amica che nel 1978, improvvisamente, ebbe l'idea di andare a Istanbul. Quel viaggio per noi fu una rivelazione. Mi ricordo benissimo la sensazione che mi suscitò: ero affascinato e insieme intimorito da quel mondo ignoto. Ma la miccia della nostalgia dell'Oriente ormai era stata accesa; lo stesso anno, percorremmo la Turchia occidentale in macchina, poi seguirono la Siria, la Giordania, l'Anatolia centrale e orientale, e via via quasi tutti gli altri paesi del Levante, oltre alle terre attraversate dalla «via della seta» e al Caucaso, dove mi sono recato anche per motivi di lavoro.

Come è nato il Suo interesse per i rapporti tra l'Austria e il Levante?
Ho affrontato l'argomento per la prima volta in un libro che iniziai a scrivere sei anni fa. Nel 2002 collaborai a una documentazione televisiva dal titolo «Il regno del sultano», prodotta dal canale ARTE, curandone la parte dedicata alla città di Vienna. A un certo punto, emerse il tema del turismo d'Oriente, e con esso una serie di questioni pratiche. Agli inizi del Novecento, esistevano già le agenzie di viaggio? Con che mezzi ci si spostava in quell'epoca? C'era bisogno di un passaporto? Come si pagava il conto? E di che livello erano gli alberghi?

Die Antworten darauf?
Überraschend. Tourismuspioniere wie Thomas Cook, Karl Baedeker, Georges Nagelmackers oder Louis Vuitton haben schon Jahrzehnte vor 1900 alles »erfunden«, was die moderne Art des Reisens ausmacht, vom Grandhotel in der Wüste und am Nil zu den eleganten Speise- und Schlafwagen des Orient Express, vom Schrankkoffer bis zum Reiseführer, von der Pauschalreise bis zum Reisegutschein. »Orient all inclusive« eben.

Und Österreich-Ungarn im Orient?
Die k.u.k. Monarchie, die bekanntlich keine Kolonialmacht war, war in der Levante trotzdem fest verankert, politisch, wirtschaftlich, kulturell und religiös. Diese vielfältigen Beziehungen sind weitgehend in Vergessenheit geraten. Ein breiteres Wissen darüber könnte Politikern, Journalisten, Wirtschaftstreibenden, aber auch Touristen im Orient heute nur nützen, vieles vielleicht differenzierter und verständnisvoller zu bewerten.

Welche Highlights sind hier zu nennen?
Zuallererst der »Österreichische Lloyd«, dessen Dampfschiffe von Triest aus bis in den fernen Osten fuhren, im östlichen Mittelmeer und am Schwarzen Meer war diese Reederei unangefochten. Dann zahlreiche k.u.k. Levantepostämter und k.u.k. Konsulate, das Österreichische Hospiz in Jerusalem, das Sankt-Georgs-Kolleg in Istanbul, der Suezkanal geplant vom Trentiner Luigi Negrelli, österreichisch-ungarische Gebirgshaubitzen vor Gaza, Volkspilgerfahrten des Brixner Palästina-Pilger-

E le risposte?
Le trovai sorprendenti. Ben prima della fine dell'Ottocento, i pionieri del turismo come Thomas Cook, Karl Baedeker, Georges Nagelmackers o Louis Vuitton avevano già «inventato» tutti gli elementi del modo di viaggiare moderno, dal grand hotel nel deserto o in riva al Nilo all'elegante vagone letto e vagone ristorante dell'Orient Express, dal baule armadio alla guida, dal viaggio «tutto compreso» al buono di viaggio. L'Oriente all inclusive, appunto.

E il ruolo dell'Austria-Ungheria in Oriente?
L'Impero austroungarico, pur senza essere una potenza coloniale, aveva nelle terre di Levante delle solide radici politiche, economiche, culturali e religiose. Purtroppo di questi molteplici legami si è ampiamente persa la memoria. Invece, saperne di più sarebbe molto utile a politici, giornalisti e imprenditori, come pure ai turisti: riuscirebbero a guardare alle cose in modo differenziato e con più comprensione.

Quali erano i fiori all'occhiello dell'impero?
Innanzitutto il Lloyd austriaco, i cui piroscafi salpavano da Trieste e facevano rotta per l'Estremo Oriente. Nel Mediterraneo orientale e sul Mar Nero la compagnia dominava il mercato incontrastata. Poi i numerosi uffici postali e consolati imperialregi, l'ospizio austriaco di Gerusalemme, il Sankt-Georgs-Kolleg *di Istanbul, il Canale di Suez progettato dal trentino Luigi Negrelli, gli obici da montagna austroungarici posizionati nei pressi di Gaza, i pellegrinaggi popolari dell'associazione dei pellegrini brissinesi* Palästina, *una contessa ungherese sposata a*

vereins, eine ungarische Gräfin, die mit dem ägyptischen Khediven verheiratet war, Kaiser Franz Joseph auf den Pyramiden …

Sie haben diese Geschichten im Ausstellungskatalog recht interessant verpackt.
Mit meiner erfundenen Frau Elvira geht's auf eine luxuriöse Reise ins Morgenland. Das Erlebte ist in einem fiktiven Reisetagebuch festgehalten, bebildert mit zahlreichen Ansichtskarten aus der Zeit. Es wirkt daher sehr authentisch, zumal als Vorlage zeitgenössische Reiseberichte und Reiseführer dienten. Für die Leser und Leserinnen des Kataloges wird die vergnügliche Orientreise um 1900 so leichter nachvollziehbar. Zudem entspricht diese lebendige Art der Vermittlung dem Charakter und Konzept des Touriseums.

Was ist aus Ihrem eingangs zitierten Buchprojekt geworden?
Parallel zur Ausstellung erscheint im Wiener Verlag Mandelbaum das Begleitbuch »Morgenland und Doppeladler – eine Orientreise um 1900«, das den Österreichbezug noch vertiefender behandelt. Diese auch für Orientalisten interessante Studie nimmt vielfach Bezug auf den Ausstellungskatalog.

Suchten Reisende um 1900 den wirklichen Orient oder nur Bilder aus tausendundeiner Nacht?
Das ist vielleicht der interessanteste Aspekt der Ausstellung, die mehr von westlichen Orientphantasien vor einem morgenländischen Bühnenbild als von der Lebensrealität in der Türkei, in Palästina und Ägypten

un kedivè egiziano, l'imperatore Francesco Giuseppe in cima alle piramidi …

Con questi ingredienti, è riuscito a confezionare un racconto interessante.
Assieme alla moglie Elvira, il protagonista della storia intraprende un viaggio di lusso in Oriente e affida le sue esperienze a un diario illustrato con numerose cartoline storiche. Il diario ovviamente è fittizio, ma risulta abbastanza autentico, essendo ispirato a racconti di viaggio e alle guide dell'epoca. I lettori possono così rivivere questo piacevole viaggio immaginario compiuto all'inizio del Novecento. È un modo suggestivo di spiegare la storia, che si sposa molto bene con il carattere del Touriseum.

Cosa ne è stato del suo progetto di scrivere un libro, a cui ha accennato prima?
In occasione della mostra al Touriseum, presso la casa editrice di Vienna Mandelbaum, uscirà il volume Morgenland und Doppeladler – eine Orientreise um 1900, *in cui si approfondiscono i rapporti tra l'Oriente e l'Austria. Questo mio saggio, interessante anche per gli orientalisti, contiene numerosi riferimenti al presente catalogo.*

Ma i viaggiatori di inizio Novecento andavano veramente in cerca dell'Oriente, oppure seguivano le loro fantasie da Mille e una notte?
Questo è forse l'aspetto più interessante della mostra, in cui si parla più dell'immaginario occidentale inserito in una scenografia orientaleggiante che della realtà della Turchia, della Palestina o dell'Egitto. Quello che i turisti cercavano in Oriente era soprattutto il comfort occidentale,

handelt. Touristen wollten im Orient in erster Linie westlichen Reisekomfort, Einheimische hatten nur das passende Lokalkolorit beizusteuern: »Ägypten ohne Ägypter ...« lautete daher auch ein zeitgenössischer Werbeslogan von Cook & Son, der die Distanz der Touristen zum Reiseland treffend umschreibt. Es erhebt sich die Frage, ob das heute viel anders ist, in Zeiten einer »all inclusive«-Reisekultur.

Bei den Vorbereitungstreffen der Ausstellung haben Sie uns immer wieder mit neuen Objekten überrascht. Sie haben kartonweise beeindruckende Gustostückeln aus Ihrer privaten Sammlung herangekarrt.

Es sind dies jene typischen Reiseandenken, mit denen Orientreisende um 1900 ihre Wohnungen dekorierten. Sie stammen zum Großteil aus meiner Privatsammlung, weitere wertvolle Exponate habe ich von befreundeten Leihgebern, insbesondere vom Gesandten Dr. Rudolf Agstner, MMag. Andreas Patera, Fritz und Margit Howianietz, dem Teppichhaus Adil Besim sowie nicht zuletzt von Dr. Georg Zepharovich, dessen Großvater k.u.k. Konsul in Jerusalem war.

Also freuen wir uns nun auf eine gemeinsame historische Entdeckungsreise ins Morgenland. Wir lernen dadurch einen faszinierenden Aspekt der facettenreichen Tourismusgeschichte kennen.

Das Gespräch wurde von Paul Rösch geführt, Touriseum Jänner 2006.

a cui la gente del posto aggiungeva soltanto quel po' di colore locale. La distanza tra i turisti e la terra che visitavano è espressa molto bene in uno slogan pubblicitario dell'epoca, coniato dall'agenzia Cook & Son, la quale prometteva ai suoi clienti «l'Egitto senza egiziani...». Viene da chiedersi se oggi le cose siano cambiate, vista la cultura dei pacchetti di viaggio «tutto compreso».

Nella fase di preparazione della mostra, Lei ci sorprendeva in continuazione con oggetti sempre nuovi da esporre. Così ha finito per portarci parecchi scatoloni con le chicche della sua collezione privata.

Si tratta dei tipici souvenir con cui addobbavano le loro case i viaggiatori di ritorno dall'Oriente. Gli oggetti in parte provengono dalla mia collezione privata, ma alcuni, di grande valore, mi sono stati ceduti da prestatori amici, tra cui il dott. Rudolf Agnster, il MMag. Andreas Patera, Fritz e Margit Howianetz, la Casa del tappeto Adil Besim e non ultimo il dott. Georg Zepharovich, il cui nonno fu console imperialregio a Gerusalemme.

Non mi resta che augurare a tutti un divertente viaggio alla scoperta del Levante e di una delle tante sfaccettature della storia del turismo.

Intervista di Paul Rösch.
Touriseum, gennaio 2006.

Reiseroute

Wien – Budapest – Belgrad – Sofia – Konstantinopel
Orient Express

Konstantinopel – Smyrna – Beirut – Jaffa
Österreichischer Lloyd – Russisches Dampfschiff

Heiliges Land – Jerusalem – Damaskus
Pilgerkarawane

Jaffa – Suezkanal – Alexandria
Österreichischer Lloyd – Ägyptischer Postdampfer

Alexandria – Kairo
Ägyptische Staatsbahnen

Nilfahrt von Kairo bis Khartoum
Cook & Son – Touristendampfer und *Dahabija*

Alexandria – Brindisi – Triest
Österreichischer Lloyd

Triest – Wien
k. k. Südbahnlinie

Itinerario

Vienna – Budapest – Belgrado – Sofia – Costantinopoli
Orient Express

Costantinopoli – Smirne – Beirut – Giaffa
Lloyd austriaco – piroscafo russo

Terra Santa – Gerusalemme – Damasco
Carovana di pellegrini

Giaffa – Canale di Suez – Alessandria d'Egitto
Lloyd austriaco – postale egiziano

Alessandria d'Egitto – Il Cairo
Ferrovie egiziane

Viaggio sul Nilo dal Cairo a Khartoum
Cook & Son – vapore turistico e dahabie

Alessandria d'Egitto – Brindisi – Trieste
Lloyd austriaco

Trieste – Vienna
Imperialregia Südbahnlinie

»Wenn einer eine Reise tut ...«

«Chi fa un viaggio ha qualcosa da raccontare»

Wien, 22. Feber 1899
Leider noch zu Hause

In der Buchhandlung Fritz Leo bei der Hofoper Meyers Reisebuch »Türkei« und den Ägypten-Baedeker erworben, mehr als 15 Kronen bezahlt. Aus dem Vorwort: »Mit der Vervollkommnung der Verkehrsmittel hat der Kreis der touristisch besuchten Länder eine bedeutende Erweiterung erfahren; die Zeit ist vorbei, wo für einen weitgereisten Mann gelten konnte: wer Konstantinopel gesehen, auf der Akropolis gewesen, die Basare von Damaskus durchwandert, vom Ölberg auf die heilige Stadt geschaut und die Cheops-Pyramide gestanden hat.« Freue mich schon auf unsere Orientreise im Herbst.

Wien, 1. März 1899
Kaiser Franz Joseph, der König von Jerusalem

In der Eckvitrine unseres Salons hat Elvira gerade die Gedenkmedaillen der Orientreise Franz Josephs anläßlich der Eröffnung des Suezkanals 1869 entdeckt. Davor war der Kaiser im Heiligen Land, er trägt ja auch den Titel eines »Königs von Jerusalem.« Franz Joseph ist damals vor den Toren der Stadt vom Pferd gestiegen, um demütig den Boden zu küssen. Für den Deutschen Kaiser Wilhelm II. wurde einige Jahre später beim Jaffa-Tor eine Bresche in die Stadtmauer geschlagen, damit dieser hoch zu Roß in die Stadt einziehen konnte. Preußische Großmannssucht gegen österreichisches Gottesgnadentum? Papa

Vienna, 22 febbraio 1899
Purtroppo siamo ancora a Vienna

Ho acquistato alla libreria Fritz Leo presso la Hofoper il libro di viaggio Türkei *e la guida* Baedeker dell'Egitto *al costo di oltre 15 corone. Dalla prefazione: «Con il perfezionamento delle reti di trasporto il novero dei paesi visitati dai turisti si è significativamente allargato; son passati i tempi in cui poteva dirsi viaggiatore provetto chi ha visto Costantinopoli, è stato sull'Acropoli, ha attraversato i bazar di Damasco, ha guardato la Città Santa dall'alto del Monte degli Ulivi ed è salito sulla Piramide di Cheope». Aspetto con ansia la partenza per il nostro viaggio in Oriente, fissata per l'autunno.*

Vienna, 1° marzo 1899
L'imperatore Francesco Giuseppe Re di Gerusalemme

Elvira ha appena scoperto nella vetrina ad angolo del nostro salone le medaglie commemorative del viaggio in Oriente che Francesco Giuseppe intraprese in occasione dell'inaugurazione del Canale di Suez nel 1869. Precedentemente l'imperatore si era recato in Terra Santa; infatti egli si fregia del titolo di Re di Gerusalemme. In quell'occasione, Francesco Giuseppe scese dal cavallo alle porte della città per baciare umilmente il suolo. Alcuni anni dopo si fece un varco nelle mura di cinta, nei pressi della porta di Giaffa, affinché l'imperatore tedesco Guglielmo II potesse entrare in città in sella al suo destriero. La Prussia con le

1 Krone um 1900 entspricht heute dem Wert von 5,06 Euro

———•·•———

Una corona di allora corrisponde a 5,06 euro.

Reiseführer

Guide

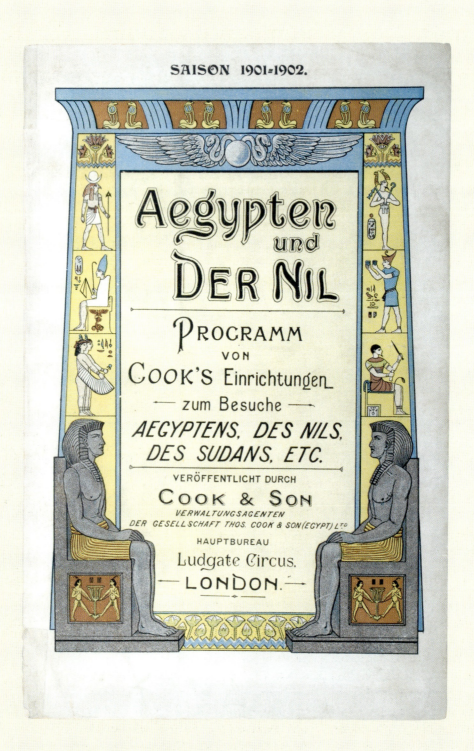

Programm des Reisebüros Cook & Son
Programma dell'agenzia Cook & Son

Gedenkmedaille zur Eröffnung
des Suez-Kanals

*Medaglione commemorativo per
l'inaugurazione del Canale di Suez*

hat oft erzählt, daß unser Kaiser bei der Einschiffung in Jaffa fast ertrunken wäre und sein durchnäßter Hofstaat die Uniformen mit trockenen Franziskanerkutten tauschen mußte. Gewohnt hat der Kaiser damals im gerade eröffneten Österreichischen Hospiz in Jerusalem. Werden im Heiligen Land auf den Spuren unseres Kaisers wandeln!

Wien, 7. März 1899
Cook & Son

Höchste Zeit; war im Reisebureau von Cook & Son am Stephansplatz und hab' mir Reiseunterlagen für unsere Orientreise besorgt. Mit Cooks Rundreise-Billets, Gutscheinen für Übernachtung, Verköstigung und andere Leistungen, kann man die ganze Welt mühelos bereisen. Fahrkarten für Schiff und Eisenbahn bekommt man ebenfalls im Reisebureau, sie werden zu Fahrscheinheften zusammengestellt. Dazu kommen Circularnotes, Reisecheques, die in jeder Cook-Filiale spesenfrei eingelöst werden. Das alles erspart es einem, viel Bargeld mitzunehmen. Thomas Cook hat diese bequeme Art des Reisens bereits 1868 eingeführt. Viele hohe und höchste Persönlichkeiten würden die Dienste von Thomas Cook & Son in Anspruch nehmen, versicherte mir der Beamte. Cook organisiert seit 1851 Reisen zu Weltausstellungen, die Firma hat für die englische Regierung sogar Pilgerfahrten indischer Mohammedaner nach Mekka durchgeführt und dafür allseits höchstes Lob erworben. Ägypten- und Palä-

sue manie di grandezza da una parte, l'Austria con la sua idea di legittimazione divina del potere imperiale dall'altra? Mio padre raccontava che il nostro imperatore rischiò di morire annegato quando si imbarcò a Giaffa e che la sua corte dovette scambiare le divise infradiciate con tonache francescane. Egli prese quindi alloggio all'ospizio austriaco di Gerusalemme che era appena stato inaugurato. Calcheremo le orme del nostro imperatore!

Vienna, 7 marzo 1899
Cook & Son

Sono stato all'agenzia Cook & Son in Stephansplatz per procurarmi i documenti del nostro viaggio in Oriente: era ora che me ne occupassi! Con i biglietti di Cook, che sono dei buoni per pernottamenti, pasti e altri servizi, si può comodamente girare il mondo in lungo e in largo. L'agenzia fornisce anche i biglietti per la nave e il treno, i quali vengono raccolti in blocchetti. A tutto ciò si aggiungono i cosiddetti circular notes, *ovvero assegni di viaggio che è possibile riscuotere gratuitamente in qualsiasi sede dell'agenzia Cook. Lo scopo è quello di evitare di portarsi dietro grandi somme di denaro contante. Thomas Cook ha ideato questo modo assai pratico di viaggiare già nel 1868. L'impiegato dell'agenzia mi ha assicurato che molte personalità di alto e altissimo livello si giovano dei servizi di Cook & Son. Dal 1851 Cook organizza viaggi alle esposizioni universali e per conto del governo britannico la ditta ha addirittura realizzato dei pellegrinaggi alla Mecca di maomettani indiani,*

Die um 1900 übliche Bezeichnung MOHAMMEDANER gilt heute als politisch unkorrekt. Man spricht heute von Muslimen und Musliminnen, statt mohammedanisch von islamisch.

— • • —

Il termine «maomettano», in uso a cavallo tra Ottocento e Novecento, è considerato ormai politicamente scorretto. Ad esso oggi si preferiscono gli aggettivi «musulmano» e «islamico».

stinareisen gibt es seit 1868, Cook hat diese Länder für den Tourismus entdeckt. Dieses Reisebureau bringt Einzelreisende und Reisegesellschaften im ganzen Orient nur in den besten Hotels unter. Im Land am Nil kann man vom Touristendampfer bis zur *Dahabija*, eine kleine Segeljacht, vom Dragoman, dem dortigen Reiseführer, bis zum Eseltreiber jede nur erdenkliche Leistung verläßlich und kostengünstig organisieren lassen. Man gab mir auch einige Ausgaben von »Cooks Welt-Reise-Zeitung« mit. Das klingt mir sehr überzeugend, werd' aber noch beim Reisebureau Schenker & Co und bei Russel & Comp. am Franz Josephs-Quai vorbeischauen. Gutes hab ich auch vom Berliner Reisebureau Carl Stangen gehört, Dr. K. ist letztes Jahr mit diesem Reisebureau in den Orient gereist, er war sehr zufrieden.

Wien, 14. März 1899
Österreich-Ungarns Orient

Neue Orientbilder: Onkel Ferdinand zum Essen, ein richtiger Feschak in seiner Uniform mit dem roten Fez! Hat eine türkische Kaffeekanne mit kleinen Schälchen aus Bosnien mitgebracht, beim nächsten Besuch soll eine Wasserpfeife folgen. Dazu hat er uns eine Serie von Ansichtskarten geschenkt, Moscheen sind darauf zu sehen, die berühmte Brücke in Mostar, Basare und verschleierte Frauen in bunten Gewändern, richtig wie im Orient. Das vormals türkische Land habe sich seit 1878 sehr entwickelt, meint er, seit

Feschak bezeichnet in der österreichischen Umgangssprache einen gut aussehenden Mann, der bei Frauen gerne gesehen wird.

guadagnandosi l'incondizionato plauso di tutti. I viaggi in Egitto e in Palestina – entrambi i paesi sono stati avviati al turismo da Cook – vengono effettuati dal 1868. In tutto l'Oriente i clienti dell'agenzia, siano essi viaggiatori individuali o comitive, sono sistemati nei migliori alberghi. Sul Nilo l'agenzia organizza ogni servizio possibile, in modo affidabile e con poca spesa: dal piroscafo turistico alla dahabie, *un piccolo panfilo a vela, dal dragomanno, come sono chiamati gli interpreti del posto, al mulattiere. Mi hanno anche dato alcune edizioni della rivista* Cooks Welt-Reise-Zeitung. *Tutto ciò mi sembra molto convincente, tuttavia darò un'occhiata anche all'agenzia di viaggi Schenker & Co e da Russel & Comp sul* Franz-Josefs-Quai. *Dicono molto bene anche dell'agenzia di viaggi berlinese Carl Stangen, di cui il dott. K. si è servito l'anno scorso per il suo viaggio in Oriente, rimanendo pienamente soddisfatto.*

Vienna, 14 marzo 1899
L'Oriente austroungarico

Nuove impressioni dall'Oriente: è venuto a pranzo lo zio Ferdinand che con la sua divisa e il fez rosso era un vero schianto. Ci ha portato una caffettiera turca con un servizio di coppette dalla Bosnia e per la prossima visita ci ha promesso un narghilè. Inoltre ci ha regalato una serie di cartoline illustrate che raffigurano moschee, il famoso ponte di Mostar, bazar e donne col velo dalle vesti colorate, proprio come in Oriente. Lo zio ha raccontato che quella terra, che una volta era turca, si è evoluta molto da quando è

es von Österreich-Ungarn verwaltet wird. Die von ihm ausgebildeten bosnisch-herzegowinischen Soldaten machten sich gut, richtig wilde Krieger. Sollte ihn in Sarajevo doch einmal besuchen. Es gäbe dort ordentliche Hotels und die Zugfahrt wäre gar nicht mehr beschwerlich. Das Bier der neuen österreichischen Brauerei und die bosnischen Zigaretten würden das Heimweh erheblich mildern. Man könne in Bosnien auch herrlich auf die Jagd gehen. Erzähle von unseren Reiseplänen. Er empfiehlt mir einige Orientbücher, nicht zu vergessen »Die Geschichten aus 1001 Nacht«. In unserer Bibliothek steht ein Exemplar in der Übersetzung des österreichischen Orientalisten Hammer-Purgstall. Gattin Elvira freut sich sehr über das mitgebrachte Seidentuch mit dem orientalischen Muster.

»Die Tore des Orients sind Eurer Majestät geöffnet.« So unterrichtete Graf Andrássy Kaiser Franz Joseph I. von Österreich im Juli 1878 über das Ergebnis des Berliner Kongresses, welches der Monarchie das Mandat zur Besetzung und Verwaltung des osmanischen Wilajets (Verwaltungsbezirk) **Bosnien-Herzegowina** einräumte. Im verstärkten Engagement am Balkan und im Orient sahen viele Zeitgenossen eine große Chance für die Monarchie sowie ein taugliches Mittel, den russischen Einfluss am Balkan zurückzudrängen. Auch fühlte man sich zu einer Kulturmission verpflichtet und wollte dem unterentwickelten, orientalisch geprägten Bosnien-Herzegowina die Segnungen christlich-westlicher Zivilisation näher bringen. Die österreichische

amministrata dall'Impero austroungarico. Ha detto anche che i soldati della Bosnia-Erzegovina che sta addestrando se la cavano bene, come dei veri guerrieri. Mi ha invitato ad andarlo a trovare in Bosnia. Ci sono dei buoni alberghi e anche il viaggio in treno non è più faticoso come una volta. La birra prodotta dal nuovo birrificio austriaco e le sigarette bosniache, secondo lo zio, attenuano parecchio la nostalgia di casa. E poi in Bosnia si possono fare delle favolose battute di caccia. Io gli ho raccontato dei nostri programmi di viaggio e lui mi ha consigliato qualche buon libro sull'Oriente, a parte naturalmente le Mille e una notte, *di cui custodiamo una copia in biblioteca, nella traduzione dell'orientalista austriaco Hammer-Purgstall. Elvira, la mia consorte, ha molto gradito il foulard di seta dal disegno orientale di cui le ha fatto dono lo zio.*

«Le porte dell'Oriente sono aperte a Sua Maestà.» *Con queste parole, nel luglio 1878, il conte Andrássy mise al corrente l'imperatore Francesco Giuseppe I dell'esito del Congresso di Berlino. Infatti, all'Impero austroungarico era stato concesso il mandato a occupare e amministrare il vilajet ottomano della* **Bosnia-Erzegovina**. *Molti contemporanei consideravano il rafforzarsi della presenza austroungarica nei Balcani e in Oriente una grande opportunità per l'impero nonché uno strumento atto a contrastare l'influenza russa sull'area. Sentendosi inoltre in dovere di compiere una missione di tipo culturale, l'Austria-Ungheria intendeva avvicinare la Bosnia-Erzegovina, terra arretrata e orientaleggiante, ai benefici della civiltà cristiano-occidentale. Ma contrariamente alle previsioni, al loro arrivo*

Josef Freiherr von Hammer-Purgstall (1774–1856) war Orientalist, Hofdolmetscher und als Diplomat im Orient tätig. Seine Übersetzungen orientalischer Dichter beeinflussten Goethes »West-östlichen Diwan«.

—·◆·—

Josef Freiherr von Hammer-Purgstall (1774–1856): orientalista, interprete di corte e console austriaco in Oriente; le sue traduzioni di poeti orientali servirono da riferimento a Goethe per il «Divano occidentale-orientale».

Bosnische Reiseandenken

Souvenir bosniaci

Okkupationsarmee wurde 1878 entgegen aller Erwartungen von der Bevölkerung jedoch keineswegs als Befreier vom türkischen Joch empfangen. Erst nach verlustreichen Kämpfen konnte das Land besetzt werden. Vierzig Jahre bemühte Verwaltung machte aus muslimischen Feinden jedoch überwiegend treue Untertanen des Kaisers. Bosnische Regimenter, kenntlich am krapproten Fez mit der schwarzen Quaste, kämpften im Ersten Weltkrieg tapfer bis zum Untergang Österreich-Ungarns. Die Annexion Bosnien-Herzegowinas führte 1912 auch zur gesetzlichen Anerkennung des Islams, des hanafitischen Ritus (eine Rechtsschule des sunnitischen Islam) in Österreich. Eine der schönsten Briefmarkenserien der Monarchie war Bosnien gewidmet, auf zwei Marken findet man auch Moscheen.

Wien, 15. März 1899
Der »kranke Mann am Bosporus«

Im Hotel Sacher soupiert, interessante Diskussion mit dem Gesandten F. über den »kranken Mann am Bosporus«. Er sieht im Niedergang des Osmanischen Reiches eine Parallele zu unserer Monarchie, Vielvölkerstaaten hätten es heute schwer mit dem allseits aufkeimenden Nationalismus. Zudem sei der russische Zar schon seit längerem entschlossen, das Reich des Sultans zu zerschlagen, und auch die anderen Großmächte würden sich laufend bedienen: 1881 Frankreich mit einem Protektorat in Tunis, England 1882 mit der Besetzung Ägyptens, Österreich-Ungarn schon 1878 mit

nel 1878, le truppe d'occupazione austroungariche non furono affatto accolte dal popolo come l'armata che portava la liberazione dal giogo turco. All'occupazione si giunse anzi soltanto dopo combattimenti che costarono molte vite umane. Tuttavia, nei quarant'anni che seguirono, grazie all'impegno profuso per la buona amministrazione del mandato si riuscì a trasformare i nemici musulmani in fedeli sudditi dell'imperatore. Durante la Grande Guerra i reggimenti bosniaci, facilmente riconoscibili dal fez rosso con la nappa nera, combatterono coraggiosamente fino all'ultimo. Nel 1921 l'annessione della Bosnia-Erzegovina portò al riconoscimento ufficiale dell'Islam, del rito giuridico hanafita (una delle scuole di diritto dell'Islam sunnita) in Austria. Alla Bosnia è dedicata una delle più belle serie di francobolli dell'epoca; su due francobolli sono perfino raffigurate delle moschee.

Vienna, 15 marzo 1899
«L'uomo malato d'Europa»

Cena all'Hotel Sacher e discussione interessante col diplomatico F. sul grande «uomo malato d'Europa». Nel tramonto dell'Impero ottomano egli coglie un'analogia col nostro impero – il nazionalismo dilagante, dice, sta creando difficoltà agli stati multietnici. Per di più, sempre secondo il diplomatico F., lo zar di Russia ha da tempo deciso di abbattere il regno del sultano, e anche le altre potenze continuano a fare i comodi loro in quell'area: nel 1881 la Francia, istituendo un protettorato sulla Tunisia, nel 1882 l'Inghilterra con l'occupazione dell'Egitto, e già nel 1878, l'Impero

---

Unter Levante versteht man die asiatischen Küstenregionen am Mittelmeer einschließlich Ägyptens.

—•♦•—

Il termine Levante indica le regioni costiere dell'Asia che si affacciano sul Mediterraneo, compreso l'Egitto.

der Okkupation von Bosnien-Herzegowina. Auf Grund der Schwäche der Türkei mischten sich Freund und Feind in die inneren Angelegenheiten des Reiches ein und würden es unter ihre politische und wirtschaftliche Vormundschaft in einer Weise nehmen, wie dies mit keinem anderen Staate in Europa geschähe. Vor allem die Engländer würden nur an ihren Geldbeutel denken, sie sehen das Empire als Absatzgebiet für ihre Waren. Auch der Deutsche Kaiser handle nicht uneigennützig mit seinen entsandten Militärberatern sowie dem Bau der Anatolischen Eisenbahn und der Bagdadbahn. Der Gesandte lobte unsere Konsuln, die sich um die Interessen der Monarchie und den Schutz der Österreicher in der Levante sehr verdient machten. Wird mir ein Empfehlungsschreiben an die hohen Herrn in Konstantinopel, Smyrna, Jerusalem und Kairo zukommen lassen, ihre Fürsprache öffnet einem oft Tür und Tor.

Wien, 8. April 1899
In einem altägyptischen Grabe

Sonntags mit Elvira und den Kindern im Hofmuseum, die Sammlung für ägyptische Altertümer ist superb. Prof. P. hat uns herumgeführt, ein großer Kunstliebhaber war er ja schon im Gymnasium. Die beiden mächtigen altägyptischen Säulen wurden unserem Kaiser vom Khediven geschenkt. Die Wandmalereien in den Sälen stammen von der Wiener Weltausstellung 1873, da hat man ein altägyptisches Grab nachgebaut. Prof. P. meint, daß

austroungarico, con l'occupazione della Bosnia-Erzegovina. La posizione debole della Turchia dà spazio alle ingerenze di amici e nemici, i quali la mettono sotto tutela politica ed economica in un modo in cui non si vede trattare nessun altro stato europeo. Sono soprattutto gli inglesi a pensare soltanto al proprio tornaconto, usando l'Impero ottomano come mercato per le loro merci. Neanche l'invio di consulenti militari da parte dell'imperatore tedesco, né la costruzione della ferrovia anatolica e della linea ferroviaria per Bagdad, dice F., sono stati gesti disinteressati. Il diplomatico ha poi parlato molto bene dei nostri consoli, che hanno reso grandi servigi all'impero, per quanto riguarda gli interessi dell'Austria-Ungheria e la protezione dei suoi sudditi nei paesi di Levante. Mi farà avere una lettera di referenze per questi signori di stanza a Costantinopoli, Smirne, Gerusalemme e al Cairo. Le loro intercessioni possono aprire tante porte.

Vienna, 8 aprile 1899
In una tomba egizia

*Domenica, con Elvira e i bambini siamo andati all'*Hofmuseum, *che possiede una superba collezione egizia. A guidarci è stato il prof. P., grande amante dell'arte fin dai tempi del ginnasio. Le due imponenti colonne egizie che vi sono esposte sono state donate al nostro imperatore dal kedivè. Le pitture murali nelle sale risalgono all'Esposizione universale del 1873 a Vienna, per la quale fu ricostruita una tomba egizia. Secondo il prof. P., quell'esposizione fu concepita proprio*

Der ägyptische Vizekönig unterstand lediglich formell dem Sultan in Konstantinopel, er führte den Titel Khedive.

—•◆•—

Il vicerè egiziano, che portava il titolo di kedivè, era subordinato al sultano di Costantinopoli soltanto da un punto di vista formale.

die Weltausstellung seinerzeit als »Fenster zum Orient« konzipiert worden sei. Sogar eine große Moschee habe man errichtet samt Palast, einen türkischen Brunnen und einen orientalischen Basar. Kann mich noch gut daran erinnern. Papa hat dort einen Gebetsteppich erworben und Photographien von den morgenländischen Pavillons. Er wollte damals unbedingt eine Orientreise machen, aber Mama war dagegen. Die Kinder waren von den ausgestellten Mumien im Museum kaum wegzubringen, besonders von den eingewickelten Krokodilen. Zu Hause hab ich mit Elvira in Georg Ebers »Aegypten in Bild und Wort« geblättert, die zwei Prachtbände sind 1879 erschienen. Die österreichischen Künstler, Makart und Leopold Karl Müller, haben dafür Illustrationen geliefert.

Wien, 9. April 1899
Die Weltausstellung, ein Fenster zum Orient

»Der Weltausstellung von 1873 gebührt unbestritten das Verdienst, die Kenntnis des Orients und das Verständnis seiner Bedeutung für den Handel und Verkehr der Monarchie in weiten Kreisen verbreitet zu haben. Eine neue Welt erschloß sich vor der großen Mehrheit der Besucher des Industriepalastes im Prater. Unwiderstehlich brach sich die Überzeugung Bahn, daß in den reichen Schätzen, die der Orient von den entfernten Gestaden Japans und Chinas und aus dem Herzen Afrikas bis ans Schwarze Meer und bis zur Donau und der Save und bis Wien gesendet hatte, ei-

come «finestra sull'Oriente», tanto che furono addirittura eretti una grande moschea con palazzo, una fontana turca e un bazar orientale. Mi ricordo bene di quell'evento. All'esposizione mio padre comprò un tappeto da preghiera e delle fotografie dei padiglioni orientali. Voleva assolutamente fare un viaggio in Oriente, ma mia madre era contraria. Al museo abbiamo faticato parecchio per allontanare i bambini dalle mummie, soprattutto dai coccodrilli imbalsamati. Tornati a casa, Elvira e io abbiamo sfogliato Aegypten in Bild und Wort di Georg Eber, un'edizione di lusso in due volumi del 1879. Le illustrazioni sono opera degli artisti austriaci Makart e Leopold Karl Müller.

Vienna, 9 aprile 1899
L'Esposizione universale apre una finestra sull'Oriente

«All'Esposizione universale del 1873 va il merito indiscusso di aver divulgato la conoscenza dell'Oriente e la percezione della sua importanza per il commercio e i trasporti dell'impero. Alla maggior parte dei visitatori del Palazzo dell'industria, al Prater, si dischiuse un nuovo mondo. Incontrastata si fece strada la convinzione che i ricchi tesori che l'Oriente aveva mandato dai remoti lidi del Giappone e della Cina e dal cuore dell'Africa al Mar Nero e poi lungo la Sava e il Danubio fino a Vienna rappresentavano una fonte inesauribile di conoscenza e ricerca, un punto

Moschee auf der Wiener Weltausstellung 1873

La moschea dell'Esposizione universale di Vienna del 1873

ne unerschöpfliche Fundgrube des Wissens und der Forschung, ein Ausgangspunkt zur Anknüpfung neuer und vorteilhafter Verbindungen nach allen Richtungen gelegt sei.« So steht es im ersten Band der *Österreichischen Monatszeitschrift für den Orient* aus dem Jahr 1875, die Papa abonnierte und in Leder binden ließ. Die lange Buchreihe mit dem dunkelgrünen Rücken und der goldenen Aufschrift verströmte seit meiner Jugend den Hauch von Abenteuer aus der weiten Welt. Auch Papas Photographiealbum von der Weltausstellung mit den Bildern morgenländischer Bauten führte meine Phantasien in die Ferne. Mit der Wiener Weltausstellung setzte ein richtiger Orientboom in unserer Monarchie ein. Nur der Kaiser ließ sich davon nicht anstecken, ihm blieb das Morgenland trotz seiner Orientreise immer fremd.

Die **Wiener Weltausstellung** im Pratergelände dauerte vom 1. April bis 3. November 1873 und war die fünfte in der Reihe der großen wirtschaftlichen und kulturellen Leistungsschauen des 19. Jahrhunderts. Einen Schwerpunkt bildeten Ausstellungsbeiträge aus Ägypten, dem Osmanischen Reich, Marokko, Tunesien, Algerien, Persien, Zentralasien, Indien, China, Siam, Indonesien und Japan. Die Wiener Weltausstellung war damit ein wahres Fenster zum Morgenland. Der Ausbruch der Cholera und der Börsenkrach des »schwarzen Freitags« verursachten allerdings ein veritables Einnahmedefizit. Durch Gründung des Orientalischen Museums verblieben zahlreiche Exponate in Wien. Sie bereichern noch

di partenza per nuovi e proficui legami in tutte le direzioni.» È un brano tratto dal primo volume della rivista Österreichische Monatszeitschrift für den Orient, *dell'anno 1875, a cui mio padre si era abbonato e i cui fascicoli faceva rilegare in pelle. Quando ero ragazzo, quella lunga fila di volumi dai dorsi verde scuro e dalla scritta dorata sembrava emanare il profumo di grandi avventure per i sette mari. Anche l'album delle fotografie con le immagini di costruzioni orientali, che mio padre aveva comprato all'esposizione universale, prendeva per mano la mia fantasia e la portava lontano. L'Esposizione universale di Vienna provocò una vera e propria febbre d'Oriente. Solo l'imperatore vi rimase immune: nonostante il suo viaggio in Oriente, non prese mai confidenza con quelle civiltà.*

L'Esposizione universale di Vienna *si tenne dal 1° aprile fino al 3 novembre 1873 sull'area del Prater. Fu la quinta grande rassegna economica e culturale del Novecento. Uno spazio speciale fu riservato ai contributi provenienti da Egitto, Impero ottomano, Marocco, Tunisia, Algeria, Persia, Asia Centrale, India, Cina, Siam, Indonesia e Giappone. In questo modo, l'Esposizione universale di Vienna divenne una vera e propria finestra sull'Oriente. La comparsa del colera e il tracollo delle borse nel «venerdì nero» fecero tuttavia precipitare le vendite degli ingressi. Grazie alla fondazione del Museo orientale molti degli oggetti esposti rimasero a Vienna; essi arricchiscono tuttora le collezioni del Museo di arte applicata. Un altro prodotto dell'Esposizione universale fu la rivista* Österreichische Monatszeitschrift für den Orient, *pubblicata*

heute die Sammlungen des Museums für angewandte Kunst in Wien. Ein weiteres Kind der Weltausstellung war die *Österreichische Monatszeitschrift für den Orient*, die von 1875 bis 1918 erschien. Sie war eine Art Nachrichtenmagazin der Monarchie über Asien und Afrika, später über die ganze Welt. Zahlreiche Beiträge stammen von renommierten Autoren, die Wirtschaftsberichte verfassten, vielfach k.u.k. Konsuln.

tra il 1875 e il 1918. Era una specie di notiziario dell'impero dedicato all'Asia e all'Africa e successivamente ai paesi di tutto il mondo. Molti contributi erano firmati da personaggi di prestigio che redigevano relazioni economiche – spesso gli autori erano i consoli imperialregi.

Wien, 21. April 1899
Beim Reiseausstatter oder wie aus einem Menschen ein Packesel wird!

Bei Sirk »Zum Touristen«, dem größten Reiseausstatter der Monarchie bei der Hofoper. Was man bei so einer Reise nicht alles bedenken muß, Elvira ist schon ganz aufgeregt! Brauchen mindestens zwei Schrankkoffer mit Kleiderstangen, Fächern und Schubladen und mehrere Kabinenkoffer für Schiff und Bahn. Zuzüglich Hutkoffer, Reisenecessaires, Reiseschreibzeug, Reiseapotheke, einen Gürtel mit verstecktem Geldfach. Französische Goldfrancs werden im Orient gewechselt, dank Cook werden wir allerdings nur wenig Bares benötigen. Der Verkäufer empfiehlt Reisegepäck der alteingesessenen Wiener Firmen Nigst & Co oder Würzl & Söhne. Baron M. schwört allerdings auf Schrankkoffer von Louis Vuitton, dem »Erfinder« des modernen Reisekoffers. Diese Firma gibt es schon seit 1854 in Paris. Die eleganten Vuitton-Koffer aus leichtem, aber stabilen Pappel- und Bu-

Vienna, 21 aprile 1899
In un negozio di articoli da viaggio ovvero: come un uomo diventa una bestia da soma!

Siamo stati da Sirk Zum Touristen, *il maggiore commerciante di articoli da viaggio dell'impero, vicino alla Hofoper. Incredibile la quantità di cose di cui bisogna munirsi per affrontare un viaggio! Elvira è già in preda all'agitazione. Ci servono almeno due bauli armadio con aste per appendere gli abiti, ripiani e cassetti, e anche vari cassoni per la nave e il treno. A ciò si aggiungono cappelliere, nécessaire da viaggio, carta e penna, un astuccio con l'essenziale per il pronto soccorso durante il viaggio, una cintura con un reparto per nascondere le banconote. In Oriente si cambiano i franchi d'oro francesi, ma grazie all'agenzia Cook non avremo bisogno di molto denaro contante. Il commesso del negozio ci consiglia la valigeria delle affermate ditte viennesi Nigst & Co. e Würzl & Söhne. Invece il barone M. fa affidamento sui bauli di Louis Vuitton, «inventore» della valigia da viaggio moderna. La ditta, fondata nel 1854, ha sede a Parigi. Le*

Schrankkoffer

Baule armadio

Fahrscheinheft und Reisezeitung vom Reisebüro Schenker

Biglietti di viaggio e rivista dell'agenzia Schenker

chenholz sind mit lackiertem, wasserdichtem Trianon-Leinen überzogen. Wohlfeil sind diese Gepäckstücke allerdings nicht, mit dem charakteristischen Monogramm »LV« im Leinenmuster machen sie allerdings schon was her. Gottlob müssen wir unsere Koffer nicht selber tragen und auf den Schiffen des Österreichischen Lloyd sind in der I. Klasse 100 kg Reisegepäck pro Reisendem frei.

Wien, 12. Mai 1899
Celeste Aida

Aida, gegeben an der Hofoper, großartig der Radames, und eine stimmungsvolle Vorschau auf unsere Orientreise! Giuseppe Verdi hat die Oper zur Eröffnung des Suezkanals 1869 geschrieben. Er hat ein Vermögen dafür verlangt. Das Opernhaus in Kairo soll ausgezeichnet sein, hoffentlich bekommen wir Karten. Dürfen das handliche Opernglas nicht vergessen, auch um die Reliefs auf den ägyptischen Tempeln und die Verzierungen in den Moscheen besser zu sehen.

Wien, 28. Mai 1899
Im Reisebureau Schenker & Co

In Schenker's Reise-Bulletin, einer interessanten Kundenzeitung, geblättert. Die angebotenen Orientreisen machen dem größten Reiseveranstalter der Monarchie alle Ehre. Wie bei Cook läßt sich vom Reisebüro aus alles organisieren. Sogar eine Reise um die Erde

eleganti valigie Vuitton, di pioppo e faggio leggero ma robusto, sono ricoperte di un telo di lino Trianon laccato e impermeabile. Queste valigie sono tutt'altro che a buon mercato ma, con il caratteristico monogramma «LV» intessuto nel lino, fanno un figurone. Grazie a Dio non dovremo portare da soli i nostri bagagli! Sulle navi del Lloyd austriaco, poi, per i bagagli si ha una franchigia di 100 chilogrammi per passeggero.

Vienna, 12 maggio 1899
«Celeste Aida»

L'Aida, di scena alla Hofoper con un grandioso Radames, ci ha regalato una suggestiva anteprima del nostro viaggio in Oriente. Per l'opera, composta in occasione dell'inaugurazione del Canale di Suez nel 1869, Giuseppe Verdi si fece pagare profumatamente. Dicono che il Teatro dell'opera del Cario sia eccellente. Speriamo di trovare i biglietti! Non dobbiamo dimenticare il pratico binocolo da teatro, anche per poter vedere meglio i rilievi sui templi egizi e i fregi nelle moschee.

Vienna, 28 maggio 1899
All'agenzia Schenker & Co

Ho sfogliato Schenkers Reise-Bulletin, un'interessante rivista per i clienti dell'agenzia. I viaggi in Oriente che la Schenker propone fanno onore al suo ruolo di principale agenzia di viaggi dell'impero. Come l'agenzia Cook, anche Schenker organizza tutto a distanza. Propone perfino il

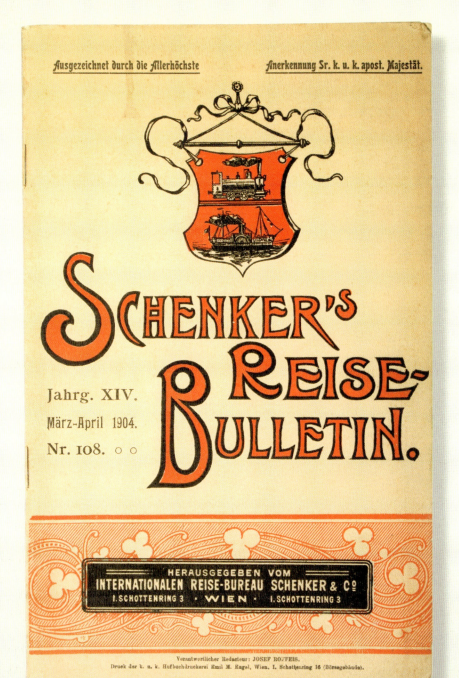

Orient all inclusive

> 9.100 Kronen um 1900 entsprechen heute dem Wert von 46.000 Euro.
>
> —•◆•—
>
> 9.100 corone di allora corrispondono a 46.000 euro.

wird angeboten – 154 Tage um 9.100 Kronen – das wäre was! Dann könnte man auf den Spuren von Winnetou und Kara Ben Nemsi wandeln. Karl May hat die Abenteuer seiner Helden letztes Jahr bei einem Vortrag aufregend geschildert, er wurde danach sogar von Mitgliedern der kaiserlichen Familie in Wien empfangen.

Wien, 6. Juni 1899
»Ex oriente lux«

Georg, mein Ältester, will wissen: Was bedeutet eigentlich Orient?
Hab' ihm aus Meyers Großem Konversations-Lexikon vorgelesen: »Orient (lat.), zunächst die Himmelsgegend, wo die Sonne scheinbar aufgeht, der Osten oder Morgen; dann soviel wie Morgenland im Gegensatz zu Abendland.« Die Position des Orients wird natürlich vom Standpunkt Europas aus gesehen. Daher sagt man auch »ex oriente lux«, wobei man dabei allerdings die kulturellen Einflüsse des Orients auf das Abendland versteht. Erkläre ihm, daß bei großzügiger Sichtweise zum Orient auch Persien und Afghanistan, zuweilen sogar Indien, China oder Japan zählen – sohin nicht nur von Mohammedanern bewohnte Länder. Im engeren Sinn versteht man darunter das Osmanische Reich samt seinen Provinzen in der Levante, etwa Syrien oder Palästina, Ägypten sowie die Maghrebländer. Georg will, daß ich ihm eine Mumie aus Ägypten mitbringe.

giro del mondo in 154 giorni al prezzo di 9.100 corone. Non sarebbe male! Si potrebbero calcare le orme di Winnetou e Kara Ben Nemsi. L'anno scorso Karl May ha descritto in modo avvincente le avventure dei suoi eroi in una conferenza, al termine della quale è addirittura stato ricevuto da alcuni membri della famiglia imperiale a Vienna.

Vienna, 6 giugno 1899
«Ex oriente lux»

Georg, il nostro primogenito, chiede di sapere cosa significhi esattamente «Oriente».
Gli ho letto la definizione tratta da Meyers Großes Konversations-Lexikon: «Oriente (lat.), in origine la parte del cielo dove si leva il sole, l'est o il levante; poi, l'area geografica dell'Oriente contrapposta a quella dell'Occidente.» Naturalmente, la posizione dell'Oriente è individuata dal punto di vista dell'Europa; infatti si dice «ex oriente lux», anche se in questo caso si intendono le influenze culturali dell'Oriente sull'Occidente. Spiego a Georg che in senso lato fanno parte dell'Oriente anche la Persia e l'Afganistan, a volte perfino l'India, la Cina e il Giappone, dunque non soltanto dei paesi abitati da maomettani. In senso stretto, per Oriente si intende l'Impero ottomano con le sue province nel Levante, come Siria o Palestina, l'Egitto nonché il Magreb. Georg vuole che gli porti una mummia dall'Egitto.

Wien, 8. Juni 1899
Ein türkischer Marsch

Musiksoirée bei Graf F. Er ist ganz stolz auf seinen neuen Ehrbar-Salonflügel, der eine Bronzeplakette trägt und damit den Wiener Klavierfabrikanten als Hoflieferanten des türkischen Sultans ausweist. Davon inspiriert, spielte der Graf Mozarts »Türkischen Marsch«. Der Nachmittag wurde dann noch ganz orientalisch. Die Frau des Hauses spielte den »Ägyptischen Marsch« von Johann Strauß und den Walzer »Nilfluten« von Josef Strauß, zuletzt noch den Marsch »Die Bosniaken kommen« vom Kapellmeister des 2. bosnisch-herzegowinischen Infanterie-Regiments, sehr schmissig! Johann Strauß hat anläßlich der Weltausstellung 1873 eine »Persische Hymne« komponiert, um den Schah in Wien ehrenvoll zu begrüßen. Die Zeitungen schrieben damals, daß sich Nassreddin Schah in Kaiserin Elisabeth verliebt haben soll und sie dem Kaiser angeblich abkaufen wollte. Es ist erstaunlich, wie viele Hinweise auf den Orient es in unserer Haupt- und Residenzstadt gibt. Fürst Metternich hat nicht zu Unrecht bemerkt, daß der Orient in Wien gleich hinter dem Rennweg beginnt.

Wien, 14. Juni
Der Orient für 5.500 Kronen

Werden mit Cook & Son reisen. Am einfachsten wäre es wohl, sich einer organisierten Gruppenreise anzuschließen. Bei Schen-

Vienna, 8 giugno 1899
Una marcia turca

Soirée musicale a casa del conte F. È tutto orgoglioso del suo nuovo pianoforte a coda di marca Ehrbar, che reca una targhetta di bronzo su cui si specifica che il fabbricante viennese dello strumento è fornitore di corte del sultano turco. Ispirato da tale riferimento, il conte ha suonato la Marcia Turca *di Mozart. La padrona di casa ha dato all'intero pomeriggio un tocco decisamente orientaleggiante interpretando prima la* Marcia Egiziana *di Johann Strauß e il valzer* I flutti del Nilo *di Josef Strauß, e infine la marcia* Die Bosniaken kommen *del capobanda del Secondo reggimento di fanteria della Bosnia-Erzegovina – una musica veramente trascinante! Johann Strauß ha anche composto un inno persiano per accogliere a Vienna con tutti gli onori lo scià in occasione dell'Esposizione universale del 1873. I giornali di allora scrissero che lo scià Nasreddin avrebbe perso la testa per l'imperatrice Elisabetta e avrebbe chiesto all'imperatore di poterla acquistare. È sorprendente quanti riferimenti all'Oriente vi siano nella nostra capitale, residenza dell'imperatore. Non aveva tutti i torti il principe Metternich quando diceva che, a Vienna, l'Oriente inizia al di là del* Rennweg.

Vienna, 14 giugno
L'Oriente per 5.500 corone

Viaggeremo con l'agenzia Cook & Son. Probabilmente la cosa più semplice sarebbe aggregarsi a un viaggio organizzato. Schenker fa pagare

Reiseunterlagen von Cook & Son

Documenti di viaggio della Cook & Son

ker kostet eine fünfzigtägige Orientreise pro Person 2.760 Kronen. Sie führt von Wien mit der Südbahn nach Triest, dann mit dem Österreichischen Lloyd nach Alexandria, mit dem Zug nach Kairo, einem Nildampfer nach Luxor und Assuan, dem Lloyd nach Athen, Smyrna und Konstantinopel, dann weiter mit dem Lloyd nach Constanza am Schwarzen Meer und zurück mit dem Orientzug über Bukarest, Budapest nach Wien.

2.760 Kronen entsprechen heute etwa 14.000 Euro. Ein **Arbeiter** verdiente in Österreich-Ungarn um 1900 im Metall verarbeitenden Gewerbe allerdings nur 3,1 Kronen pro Tag (15,70 Euro), ein Bauarbeiter nur 2,48 Kronen (12,60 Euro). Zudem hatte ein Großteil der Beschäftigten keinen Urlaubsanspruch. Vergnügungsreisen blieben daher der Finanzaristokratie und dem Großbürgertum vorbehalten. Adelige, Fabrikanten, Grundbesitzer, Kaufleute, hohe Beamte und Offiziere, Ärzte, Rechtsanwälte und Professoren blieben auf Reisen daher unter sich.

Wir lassen unsere Orientreise individuell von Cook zusammenstellen, da auf der Reiseroute außer Ägypten und Konstantinopel auch Palästina, Beirut und Damaskus liegen sollen. Mit den Reisegutscheinen und Fahrscheinheften zu reisen ist ganz einfach, die Reservierung von Hotelzimmern erfolgt per Telegraph. Werde im Reisebureau auch gleich eine Touristenversicherung gegen Reiseunfälle und Verlust oder Beschädigung des Gepäcks abschließen. So können wir beruhigt

2.760 corone a persona per un viaggio in Oriente della durata di 50 giorni. Ecco il percorso: da Vienna si arriva a Trieste con la Südbahn, poi si prosegue per Alessandria d'Egitto con il Lloyd austriaco, da lì si raggiunge Il Cairo in treno, poi si continua per Luxor e Assuan con il piroscafo sul Nilo, da lì il viaggio prosegue per Atene, Smirne e Costantinopoli con il Lloyd, e poi, sempre con il Lloyd, per Constanza sul Mar Nero; il ritorno a Vienna, con la ferrovia dell'Oriente, passa per Bucarest e Budapest.

2.760 corone corrispondono oggi a ca. 14.000 euro. Un **operaio** *metallurgico dell'Impero austroungarico, agli inizi del Novecento, guadagnava 3,1 corone (15,70 euro) al giorno mentre un operaio edile non più di 2,48 corone (12,60 euro). Inoltre, la maggior parte dei lavoratori non aveva diritto alle ferie. I viaggi di piacere erano dunque una prerogativa dell'aristocrazia finanziaria e dell'alta borghesia: nobili, industriali, proprietari terrieri, commercianti, alti funzionari e ufficiali, medici, avvocati, professori restavano tra i loro pari.*

Abbiamo scelto di seguire un itinerario individuale che Cook definirà per noi e che dovrebbe includere, oltre all'Egitto e a Costantinopoli, anche la Palestina, Beirut e Damasco. Muoversi con i buoni di viaggio e i blocchetti dei biglietti di viaggio è molto semplice; le camere d'albergo si prenotano per telegrafo. All'agenzia stipulerò anche una polizza di assicurazione contro gli infortuni di viaggio e lo smarrimento o il danneggiamento dei bagagli. Così potremo viaggiare più tranquilli. Dovremo però procurarci da soli il

und vor allem ohne unangenehme Überraschungen reisen. Nur den Reisepaß müssen wir uns selber besorgen, früher haben im Orient Visitenkarten ausgereicht.

Die rasante Entwicklung des modernen **Tourismus** im 19. Jahrhundert ist untrennbar mit der Erfindung der Dampfmaschine und damit mit der Dampflokomotive und dem Dampfschiff verbunden. 1825 verschreckte der erste Eisenbahnzug in England noch die Menschen, 1890 überzog ein Netz von Eisenbahnlinien mit einer Länge von etwa 575.000 km die Kontinente. Benötigte im Jahr 1818 das erste von Dampfkraft unterstützte Segelschiff für die Überquerung des Atlantik noch 25 Tage, so bewältigten moderne Schnelldampfer diese Strecke um 1900 in nur 5 Tagen und 12 Stunden. Diese Entwicklung wußten die Pioniere des Tourismus zu nutzen, allen voran der Engländer **Thomas Cook**. Seit 1841 organisierte er Gruppenreisen, ab 1868 konnte man mit seinen Reisegutscheinen die Welt nahezu bargeldlos bereisen. Cook gilt als Vater des modernen Reisens. Der Deutsche **Karl Baedeker** verfasste für den anschwellenden Touristenstrom ab 1835 Reiseführer. 1846 findet man erstmals sein richtungsweisendes Sternsystem zur Kennzeichnung bedeutender Sehenswürdigkeiten. Der erste Orientreiseführer seines Verlages erschien 1875. Der Belgier **Georges Nagelmackers** gründete 1872 die *Compagnie Internationale des Wagons Lits* (CIWL), welche erstmals Schlaf- und Speisewagen in Europa betrieb. Die CIWL besaß in der Folge in Europa, Afrika und Asien an

passaporto – una volta, invece, in Oriente erano sufficienti i biglietti da visita.

Lo sviluppo del **turismo** *moderno nell'Ottocento è indissolubilmente legato all'invenzione della macchina a vapore e dunque della locomotiva a vapore e del piroscafo. Nel 1825, in Inghilterra, le persone che assistettero alla prima corsa di un treno rimasero profondamente intimorite di fronte alla novità, ma già nel 1890 la terra era coperta da una rete ferroviaria di una lunghezza complessiva di 575.000 km. Se nel 1818, il primo veliero con motore a vapore ausiliario impiegò 25 giorni per attraversare l'Atlantico, agli inizi del Novecento lo stesso percorso richiese soltanto 5 giorni e mezzo ai veloci piroscafi moderni. Un gruppo di pionieri del turismo, primo fra tutti l'inglese* **Thomas Cook***, seppe approfittare di questo progresso tecnologico. Nel 1841 Cook si mise a organizzare viaggi in comitiva e dal 1868 in poi i suoi buoni di viaggio permisero ai turisti di girare il mondo con pochissimo denaro contante. Cook è considerato il padre del turismo moderno. Nel 1835 il tedesco* **Karl Baedeker** *prese a pubblicare guide per il popolo dei turisti in continuo aumento. Nel 1846 Baedeker usò per la prima volta il suo innovativo sistema di classificazione dei luoghi d'interesse mediante asterischi. La prima guida che la sua casa editrice dedicò alle terre d'Oriente uscì nel 1875. Il belga* **Georges Nagelmackers***, nel 1872, fondò la Compagnie Internationale des Wagons Lits (CIWL), la quale per prima in Europa impiegò vagoni letto e vagoni ristorante. Successivamente, la CIWL aprì sontuosi alberghi lungo le linee percorse dai suoi treni di lusso, in Europa Africa e Asia. Il*

Schriftkopf von Cooks Weltreisezeitung

Testata della Cooks Weltreisezeitung

Reisetasche mit
raffiniertem Innenleben

*Borsa da viaggio
con interni raffinati*

den Routen ihrer Luxuszüge zahlreiche Nobelhotels. Für das moderne Eisenbahn- und Schiffsreisen entwickelte der Franzose **Louis Vuitton** das Reisegepäck, etwa den flachen Kabinenkoffer und um 1875 den Schrankkoffer mit raffinierter Innenausstattung. Diese vier Pioniere haben zwischen 1835 und 1875 im Wesentlichen alles erfunden, was moderne Reiselogistik auch heute noch auszeichnet. Sie ermöglichten komfortable Vergnügungsreisen. Das Wort Tourist selbst ist allerdings wesentlich älter, es tauchte schon 1770 in englischen Wörterbüchern auf.

Semmering, 16. Juli 1899
Reichenau, eine Station der internationalen Reisekarawane

Semmering, Landpartie mit Graf M., er fährt heuer im Winter mit seiner Gattin ebenfalls nach Ägypten – alle Welt fährt heuer offenbar in den Orient! Im Frühjahr sind sie mit ihren zwei Ältesten in Abbazia gewesen, die Grand Hotels an der Österreichischen Riviera seien großartig, man sei in bester Gesellschaft, auch das Kaiserhaus logiere dort. Heutzutage müsse man gar nicht mehr nach Nizza oder Monte Carlo fahren. Haben im Südbahnhotel diniert, Küche und Keller exquisit, der Blick von der Terrasse grandios – unser Vaterland ist schon ein schönes Fleckchen Erde. Die Berge haben so ihren eigenen Reiz, sollten im Sommer wieder einmal nach Meran zur Luftkur fahren.

francese **Louis Vuitton** *ideò la valigeria adatta al moderno modo di viaggiare in treno e in nave, ad esempio il baule armadio piatto e, attorno al 1875, il cassone con raffinati scomparti. Sostanzialmente, questi quattro pionieri, tra il 1835 e il 1875, inventarono tutti gli ingredienti del turismo moderno, proponendo confortevoli viaggi di piacere. Il termine turista, tuttavia, risale a molto prima e comparve nei dizionari inglesi già nel 1770.*

Semmering, 16 luglio 1899
Reichenau, tappa della carovana internazionale

Scampagnata a Semmering con il conte M., che il prossimo inverno pure farà un viaggio in Egitto assieme alla consorte – sembra che il mondo intero vada in Oriente quest'anno! Il conte ha raccontato che la scorsa primavera sono stati ad Abbazia con i due figli maggiori. Hanno trovato magnifici i grand hotel della Riviera austriaca e di ottimo livello la società che li frequenta – perfino la casa imperiale vi alloggia. Al giorno d'oggi, sostiene M., non occorre più recarsi a Nizza o a Monte Carlo. Cena al Südbahnhotel*: sopraffini sia il cibo che i vini, grandiosa la vista dal terrazzo – la nostra patria è proprio un gran bel posto. Le montagne hanno un fascino tutto particolare. Prima o poi dovremmo tornare a Merano per una cura climatica.*

Reiseutensilien für das große Abenteuer

Accessori per l'avventura nel deserto

Wien, 21. Juli 1899
Tropenhelm und Sonnenschirm

Bei Goldmann & Salatsch am Graben die Reisegarderobe erworben: einen Staubmantel, zwei helle Sommeranzüge aus solidem Wollstoff, ein halbes Dutzend leichte Flanellhemden und wollenes Unterzeug, sowie einen bequemen englischen Filzhut mit breiter Krempe. Für festliche gesellschaftliche Anlässe am Schiff und in den Grand Hotels werde ich meinen Frack, den Smoking und einen Gehrock mitnehmen. Elvira hat sich mehrere Reisekostüme mit langen weiten Röcken schneidern lassen, dazu helle Blusen und einen breitkrempigen Hut mit einem feinen, luftdurchlässigen Schleier aus Mousslin als Sonnenschutz. Der mit Spitzen besetzte Sonnenschirm ist reizend. In ihrem neuen Abendkleid und dem Smaragdkollier wird sie Furore machen. Muß für sie noch einen Hutkoffer erwerben und dunkle Augengläser wegen der blendenden Wüstensonne.

Wien, 4. August 1899
Sterne sammeln

Mit Elvira schon auf Reisen: Wir haben mit Bleistift unsere Reiseroute in Stielers Handatlas eingezeichnet. Konstantinopel, Smyrna, Beirut, Damaskus, Alexandria und Kairo, wir schwelgten in Phantasien aus tausendundeiner Nacht. Am großen Eichentisch in unserer Bibliothek türmen sich Orientbücher und Reiseführer. In den Reisehandbüchern von

Vienna, 21 luglio 1899
Casco coloniale e parasole

Abbiamo acquistato il nostro guardaroba da viaggio da Goldmann & Salatsch sul Graben: uno spolverino, due vestiti estivi fatti di un resistente tessuto di lana di colore chiaro, mezza dozzina di camicie di flanella leggera, biancheria intima di lana nonché un cappello di feltro inglese a tesa larga. Per i ricevimenti mondani sulla nave e nei grand hotel porterò il mio frac, lo smoking e la finanziera. Elvira si è fatta fare su misura dei completi da viaggio con la gonna lunga e ampia a cui ha abbinato delle camicette chiare; ha preso anche un cappello a tesa larga, munito di un velo di mussola fine che lascia passare l'aria, e un adorabile parasole merlettato. Farà furore con quel suo nuovo abito da sera e il collier di smeraldi. Devo ancora prenderle una cappelliera e un paio di occhiali scuri che la proteggano dall'accecante sole del deserto.

Vienna, 4 agosto 1899
Collezionisti di asterischi

Io ed Elvira ci siamo già messi in viaggio. Con una matita abbiamo tracciato il nostro itinerario sull'atlante tascabile Stieler – Smirne, Beirut, Damasco, Alessandria e Il Cairo – e ci siamo abbandonati alle fantasie da Mille e una notte evocate da quei luoghi. Sul grande tavolo di quercia della nostra biblioteca torreggiano pile di libri e guide dell'Oriente. Ho sfogliato i volumi di

---

Der Graben war und ist eine noble Einkaufsstraße in Wien.

— • • • —

Il Graben è tuttora un'elegante via commerciale di Vienna.

Reiseapotheke

Pronto soccorso da viaggio

Baedeker und Meyer geblättert, großartig wie ausführlich Land und Leute darin beschrieben sind, dazu die genauen Hinweise auf Hotels, Restaurants, Cafés, Theater, Museen, Postämter, Apotheken, Konsulate, Geschäfte, Eisenbahn, Schiff und vieles mehr. Karl Baedeker hat in den Reiseführern bedeutende Sehenswürdigkeiten mit seinen berühmten Sternchen gekennzeichnet, seither sind Touristen richtige Sternesammler geworden. Der erste Orientband seines Verlages behandelte Palästina, es folgten Führer über Ägypten und die Türkei, die auch ständig aktualisiert werden. Bei so guter Reiselektüre haben es unwissende Touristenführer, betrügerische Geldwechsler, Händler, Kutscher und Hotelportiers heute schwer. Auch Odysseus hätte sich – zu Homers Ärger – mit einem Baedeker manche Irrfahrt erspart!

Baedeker e Meyer: è impressionante la dovizia di particolari con cui sono descritti alberghi, ristoranti, caffè, teatri, musei, uffici postali, farmacie, consolati, negozi, ferrovie, navi e quant'altro. Da quando Baedeker ha contrassegnato con i famosi asterischi i luoghi di maggior interesse turistico citati nelle sue guide, i viaggiatori sono diventati dei veri e propri collezionisti di stellette. Il primo volume sull'Oriente pubblicato dalla casa editrice Baedeker era dedicato alla Palestina; successivamente sono uscite le guide dell'Egitto e della Turchia, costantemente aggiornate. Queste letture istruttive rendono la vita difficile a chi lavora sul posto improvvisandosi guida turistica e agli imbroglioni tra cambiavalute, commercianti, cocchieri e portieri d'albergo. Anche Ulisse, se avesse avuto alla mano una guida Baedeker, avrebbe potuto risparmiarsi qualche peregrinazione, per il grande dispiacere di Omero!

Wien, 9. August 1899
Von Pest und Cholera

War in der Ordination von Dr. D., er hat einen Studienkollegen aus Wien, der in Kairo Hofarzt des Khediven ist. Wir müßten uns keine Sorge um die Gesundheit machen. Es gäbe jedoch einige Vorsichtsmaßregeln zu beherzigen, insbesondere sollte man kein Wasser trinken, Obst schälen und sich vor der Sonne und vor Erkältungen in den oft frischen Nächten des Orients schützen. Sollten wir trotz allem erkranken, gäbe es in den großen Städten der Levante überall europäische Ärzte und Apotheker, in Kairo sogar ein öster-

Vienna, 9 agosto 1899
Peste e colera

Visita al dott. D., il quale ha un ex compagno di studi viennese che oggi è medico di corte del kedivè al Cairo. Ha detto che non dobbiamo preoccuparci per la nostra salute. Tuttavia ci sono alcune precauzioni da prendere: in primo luogo, si dovrebbe evitare di bere acqua, inoltre bisognerebbe mangiare frutta sbucciata, proteggersi dal sole e coprirsi nelle notti d'Oriente spesso piuttosto fresche. Se nonostante queste precauzioni dovessimo ammalarci, in tutte le grandi città del Levante si possono trovare medici e farmacisti europei e al Cairo esiste perfino un

reichisches Krankenhaus. Er rät zu einer kleinen Reiseapotheke mit Arnica, Creolin zum Auswaschen etwaiger Wunden vor Gebrauch des Jodoforms, Seidlitzpulver (Verstopfung), Dovers Pulver (Diarrhöe), Opiumtinktur (Kolik), Antipyrin (Kopfschmerzen), Chinin (Wechselfieber), Glyzerin (Rittwunden), Franzbranntwein (Congestionen), Rhabarber (Magenübel), Salmiak (Insektenstich).

Wien, 22. August 1899
Tiroler Rucksäcke

Hochwürden L. getroffen, erzählte mir von den Vorbereitungen zu einer neuen Volkswallfahrt ins Heilige Land, die erste 1898 sei ein voller Erfolg gewesen. Die Tiroler in ihrer Tracht hätten ordentlich Furore gemacht in Jerusalem. Hab Polemiken dagegen in der *Neuen Freien Presse* gelesen. Er schenkte mir das Vorbereitungsbuch der Pilger für die große Fahrt. Köstlich, was hier über das Reisegepäck geschrieben steht: »Unter deinen Voreltern waren immer gescheite Leut, aber dein allergescheitester Urahn war wohl der, der den Rucksack erfunden hat! Da hast du alles schön beisammen, und eh ein anderer noch den Bedienten sucht, der ihm den Koffer tragen soll, sitzt der Rucksack schon oben und freut sich des lustigen Wanderns.« Muß noch einen Palästina-Reiseführer erwerben. Hochwürden empfiehlt das Jerusalem-Reisehandbuch von Fahrngruber, dem vormaligen Rektor des Österreichischen Hospizes ebendort. Er schreibt mir ein Empfehlungsschreiben an den jetzigen Rektor

ospedale austriaco. Ci ha consigliato di mettere in valigia un piccolo assortimento di rimedi: l'arnica, la creolina per la pulizia di eventuali ferite prima dell'applicazione dello iodoformio, la polverina Seidlitz (contro la stitichezza), la polverina Dovers (contro la diarrea), la tintura di oppio (contro le coliche), l'antipirina (contro la cefalite), la chinina (contro la malaria), la glicerina (per le lesioni alle parti deretane provocate dallo sfregamento sulla sella), la frizione Franzbranntwein (per trattare le congestioni), il rabarbaro (per la nausea), il cloruro d'ammonio (per le punture d'insetto).

Vienna, 22 agosto 1899
Zaini tirolesi

Ho incontrato don L., il quale mi ha raccontato che è impegnato con i preparativi di un nuovo pellegrinaggio popolare in Terra Santa – il primo, organizzato nel 1898, è stato un successo. Don L. sostiene che i tirolesi hanno fatto furore a Gerusalemme con i loro costumi tradizionali – a questo proposito, ricordo di aver letto delle polemiche sulla Neue Freie Presse. *Mi ha donato un manuale di preparazione al pellegrinaggio. Fanno sorridere le raccomandazioni circa il bagaglio: «Tra i tuoi avi vi sono sempre state persone molto sagge, ma il più saggio di tutti fu probabilmente colui che inventò lo zaino! In questo sacco puoi riunire tutti ciò che ti porterai in viaggio, e prima ancora che il padrone di una valigia si sia messo alla ricerca di un facchino che gliela porti, lo zaino, adagiato su una spalla, ha già girato l'angolo». Devo ancora procurarmi*

und wird uns bei der Reservation eines Zimmers im Hospiz behilflich sein.

Wien, 4. September 1899
Beunruhigende Nachricht

Korrespondenzkarte von Onkel Ferdinand aus Mostar, er schreibt von serbischen Umtrieben, hinter denen die Russen stehen sollen. Der Balkan wird noch zum Pulverfaß werden. Wenn sich da England, Frankreich und Deutschland hineinziehen lassen, wird's einen ordentlichen Pallawatsch geben. Glaube, wir werden einen neuen Prinzen Eugen brauchen, auch wenn die Gefahr dieses Mal nicht von den Türken ausgeht wie 1529 und 1683 vor Wien.

Die trüben Vorahnungen unseres Orientreisenden haben sich leider erfüllt: Österreich-Ungarn annektierte 1908 Bosnien-Herzegowina, worauf es im Osmanischen Reich zum Boykott von Waren aus der Monarchie und zu Übergriffen auf die österreichischen Postämter in der Levante und auf Schiffe des Österreichischen Lloyd kam. Die Krise konnte durch Bezahlung einer Entschädigung an den Sultan entschärft werden. Vom russischen Zaren unterstützte serbische Nationalisten suchten in der Folge die Position der Monarchie am Balkan zu erschüttern. **Die Schüsse von Sarajevo** vom 28. Juni 1914 aus der Pistole des serbischen Attentäters Gavrilo Prinčip, unter denen der österreichische Thronfolger Erzherzog Franz Ferdinand und seine Gattin Sophie fielen, brachten das Pulverfass

una guida della Palestina. Il reverendo mi ha indicato il manuale di Gerusalemme di Fahrngruber, l'ex rettore dell'Ospizio austriaco del luogo. Mi darà una lettera di raccomandazione per l'attuale rettore e ci sarà anche di aiuto nella prenotazione di una camera all'ospizio.

Vienna, 4 settembre 1899
Una notizia preoccupante

È arrivata una cartolina postale dello zio Ferdinand da Mostar; parla di certe macchinazioni serbe dietro alle quali si nasconderebbero i russi. I Balcani prima o poi si trasformeranno in una polveriera. Se Inghilterra, Francia e Germania si lasceranno coinvolgere sarà un bel pasticcio. Penso proprio che avremo bisogno di un altro principe Eugenio, anche se questa volta la minaccia non proviene dai turchi, come nel 1592 e poi nel 1683, quando Vienna finì sotto assedio.

*I cupi presagi del nostro viaggiatore d'Oriente si sono tristemente avverati. L'Impero austroungarico annesse la Bosnia-Erzegovina nel 1908, dopodiché l'Impero ottomano decise il boicottaggio delle merci provenienti da quel paese e si ebbero episodi di violenza negli uffici postali austriaci del Levante nonché sulle navi del Lloyd austriaco. Si riuscì a disinnescare il conflitto versando un risarcimento al sultano. Successivamente un gruppo di nazionalisti serbi appoggiati dallo zar, prese di mira l'Impero austroungarico e la posizione da esso conquistata nei Balcani. **Gli spari di Sarajevo** esplosi dalla pistola dell'attentatore serbo Gavrilo Prinčip il 28 giugno 1914, che*

Unter *Pallawatsch* versteht man in der österreichischen Umgangssprache ein Durcheinander.

»Wenn einer eine Reise tut ...« «Chi fa un viaggio ha qualcosa da raccontare»

Balkan schließlich zur Explosion. Der Erste Weltkrieg stürzte Österreich-Ungarn, das Deutsche Kaiserreich, das Zarenreich und das Osmanische Reich in den Abgrund.

uccisero l'erede al trono arciduca Francesco Ferdinando e la consorte Sophie, accesero la miccia, scatenando la Prima guerra mondiale, che gettò nell'abisso l'Austria-Ungheria, l'Impero tedesco, l'impero dello zar e l'Impero ottomano.

Die »unausgesetzt herumreisende Mehlspeisköchin« stammt aus Heimito von Doderers »Strudlhofstiege«. Der Roman erschien zwar 1951, gibt aber das Lebensgefühl der besseren Wiener Gesellschaft vor dem Ersten Weltkrieg stimmungsvoll wieder.

— • • —

La «pasticciera» è un personaggio del romanzo «La scalinata» di Heimito von Doderer uscito nel 1951, che descrive in modo molto efficace il sentire collettivo della società bene di Vienna negli anni precedenti alla Grande Guerra.

Wien, 27. September 1899
Im Reisefieber

Wir wollen uns den Rat des Reisehandbuches des Österreichischen Lloyd zu Herzen nehmen: »Man betrete den gastlichen Boden des Orients nicht als Kritiker und Weltverbesserer, nicht in dem trügerischen Bewußtsein einer überlegenen Kultur, sondern als harmloser Tourist, als lernbegieriger, aufmerksamer Beobachter.« Angeblich fahren jeden Winter schon über 60.000 Touristen nach Ägypten, man ist ja gar nicht mehr unter sich. Leider leben wir in Zeiten, wo bereits jede Mehlspeisköchin unausgesetzt herumreist.

Vienna, 27 settembre 1899
L'ansia della partenza

Faremo tesoro del consiglio riportato sulla guida di viaggio del Lloyd austriaco: «Posando il piede sull'ospitale suolo delle terre d'Oriente, non assumete la postura del critico, di colui che crede di avere delle cose da insegnare, nell'ingannevole consapevolezza di appartenere a una cultura superiore, ma quella del turista benevolo e dell'attento osservatore desideroso di imparare». Pare che ogni inverno l'Egitto sia meta di oltre 60.000 turisti – insomma, non si può certo dire che parteciperemo a un'avventura per pochi intimi. Purtroppo i nostri sono tempi in cui perfino una pasticciera può girare il mondo senza sosta.

Blick auf Sarajevo

Vista su Sarajevo

Unter Dampf nach Konstantinopel

A tutto vapore verso Costantinopoli

Orient Express, 1. Oktober 1899
Messing und Mahagoni

Eine lange Reihe eleganter Waggons erwartet uns am Bahnsteig, an der Spitze ein dampfspeiendes, pfeifendes schwarzes Ungetüm. Der Zug führt natürlich nur eine 1. Klasse. Zwei Schlafwagen, ein Speisewagen und zwei Gepäckwagen, die Waggons teakholzgetäfelt, polierte Messinggriffe, spiegelnde Fensterscheiben, in bronzenen Lettern prangt an den Waggons die Aufschrift »Compagnie Internationale des Wagons Lits« – der grandiose Anblick übertrifft alle unsere Erwartungen. Und erst das luxuriöse Innere. Das Personal ist sehr zuvorkommend, unser Gepäck ist rasch verladen, man führt uns zu unserem edelholzvertäfelten Abteil. Hier gibt es eine samtgepolsterte Bank, die unter Tag als Sofa dient und in der Nacht zu zwei Betten aufgeklappt

Orient Express, *1° ottobre 1899*
Ottone e mogano

Alla stazione ci attende un convoglio di eleganti carrozze capeggiate da un colosso nero che fischia e sbuffa vapore. Naturalmente, il treno dispone solo di prima classe: due vagoni letto, un vagone ristorante e due bagagliai. Le carrozze, che recano la scritta in bronzo Compagnie Internationale des Wagons Lits, *sono rivestite di legno teak, le maniglie sono di ottone e i vetri dei finestrini brillano: un grandioso spettacolo che supera tutte le nostre aspettative. Per non parlare degli interni. Il personale è pieno di attenzioni e i nostri bagagli sono caricati in un batter d'occhio, dopodiché siamo condotti al nostro scompartimento rivestito di legno pregiato. Qui troviamo un sedile con tappezzeria di velluto che di giorno serve da divano e di notte si trasforma in un letto a castello. Sotto il finestrino, un tavolinetto con pol-*

Marmorbriefbeschwerer der Internationalen Schlafwagen-Gesellschaft

Fermacarte della Compagnie Internationale des Wagons Lits

wird. Unter dem Fenster ein Tischchen mit einem Fauteuil, eine Gepäckablage, Beleuchtungskörper, alles sehr geschmackvoll und zweckmäßig ausgeführt. Die Bettwäsche ist exquisit. Eine Verbindungstüre führt zu einem vom Personal peinlich sauber gehaltenen Waschraum mit Toilette, die auch dem zweiten angrenzenden Abteil zur Verfügung steht. Elvira ist sehr angetan, mit derartigem Komfort läßt es sich trefflich reisen.

Orient Express, 1. Oktober 1899
In 40 Stunden ins Morgenland

Laut Fahrplan hat der Zug am Samstag abend um 7.30 Paris verlassen und ist nach 22 Stunden und 20 Minuten pünktlich um 5.50 Sonntag Nachmittag in Wien angekommen. Nach nur 20 Minuten Aufenthalt – dank der Umsicht des Personals war das Einsteigen ohne Hetze – dampfen wir um 6.10 vom Westbahnhof ab und werden in Budapest eine Stunde vor Mitternacht ankommen. Bis Belgrad benötigt der Orient Express dann 6 Stunden und 20 Minuten, bis Sofia weitere 11 Stunden und 15 Minuten. Die Fahrt von Sofia nach Konstantinopel dauert 18 Stunden und 25 Minuten, wir werden daher am Dienstag um 10.30 unser erstes Reiseziel erreichen. Die Fahrzeit von Wien nach Konstantinopel beträgt sohin 40 Stunden und 40 Minuten, von Paris genau 63 Stunden. Die gesamte Entfernung beträgt fast 3.000 Kilometer. Der Conducteur meint, daß der Zug natürlich pünktlich sein wird.

trona, un ripiano portabagagli, l'illuminazione: il tutto disposto con buon gusto e secondo criteri di funzionalità. Le lenzuola sono raffinatissime. Attraverso una porta di comunicazione si accede alla toletta, in cui vige la massima pulizia e che è usata anche dai viaggiatori che occupano l'altro scompartimento attiguo. Elvira è entusiasta di tutte queste comodità che renderanno oltremodo piacevole il nostro viaggio in treno.

Orient Express, *1° ottobre 1899*
Da Vienna in Oriente nel giro di 40 ore

Stando all'orario, il treno ha lasciato Parigi sabato sera alle sette e mezzo e ha raggiunto Vienna domenica pomeriggio alle cinque e cinquanta, in perfetto orario, dopo un viaggio durato 22 ore e 20 minuti. Soltanto venti minuti dopo l'arrivo – grazie all'accortezza del personale, ci è stato possibile salire in carrozza in tutta comodità – il treno riprende il suo viaggio alle ore 6.10, lasciando la stazione Westbahnhof *alla volta di Budapest, dove giungeremo un'ora prima di mezzanotte. Per arrivare a Belgrado, l'Orient Express impiegherà 6 ore e 20 minuti, da lì a Sofia il viaggio durerà 11 ore e 15 minuti e per Costantinopoli saranno ulteriori 18 ore e 25 minuti. Dunque toccheremo la nostra prima meta martedì alle ore 10,30. Il viaggio da Vienna a Costantinopoli dura 40 ore e 40 minuti, mentre da Parigi sono 63 ore esatte. La distanza complessiva è di 3.000 chilometri. Il* conducteur *dice che il treno, naturalmente, arriverà in orario.*

Kofferaufkleber der Internationalen Schlafwagen-Gesellschaft

Adesivo per valigia della Compagnie Internationale des Wagons Lits

Orient Express, immer noch 1. Oktober 1899
Im Schlafwagen

Der Orient Express ist ein richtiges Luxushotel auf Rädern. Unser Schlafwagenschaffner, der neben deutsch, französisch und englisch auch ein wenig serbokroatisch und griechisch spricht, erklärt mir die Organisation des Zugpersonals, die sehr militärisch ist, mit Uniform und Rangabzeichen. An der Spitze steht der Chef de train. Die guten Geister der Passagiere sind die Conducteurs, wie die Schlafwagenschaffner hier bezeichnet werden. Für sie und die zahlreichen anderen Bediensteten im Zug gibt es jedoch keinen Luxus – sie schlafen sogar in Hängematten, die im Speisewagen über Nacht aufgehängt werden. Unsere Betten sind zwar etwas schmal, aber mit Sicherheit viel bequemer. Kann vor dem Schlafengehen noch meine bergsteigerischen Fähigkeiten demonstrieren, ich schlafe nämlich im oberen Bett.

Orient Express, *sempre 1° ottobre 1899*
Nel vagone letto

L'Orient Express è un vero e proprio albergo di lusso su rotaia. Il nostro capocarrozza, che oltre al tedesco, al francese e all'inglese, parla anche un po' di serbocroato e di greco, mi spiega la gerarchia del personale del treno: l'organizzazione è militaresca, con divise e distintivi di grado. Il comandante è lo chef de train e i conducteurs, come sono chiamati i capocarrozza, sono dei genietti al servizio dei passeggeri. Né questi ultimi né i loro colleghi godono, però, di alcun tipo di lusso, anzi dormono in amache che appendono di notte nella carrozza ristorante. I nostri letti, pur essendo abbastanza stretti, ci permettono un riposo sicuramente più confortevole. Al momento di coricarci, colgo l'occasione per dare prova delle mie qualità alpinistiche: infatti, devo arrampicarmi per raggiungere il mio letto, che è quello di sopra.

Orient Express, 2. Oktober 1899
Im Speisewagen

Die Köche in der kleinen Küche des Speisewagens sind wahre Zauberkünstler, ihre stets mehrere Gänge umfassenden Menüs würden dem besten französischen Restaurant in Wien durchaus anstehen. Und erst die edlen Weine! Die Tischdekoration ist sehr elegant, Tischtücher und Servietten aus Leinen, Kristallgläser, das Speiseporzellan aus Limoges, Messer und Gabel von Christofle & Cie.

Orient Express, *2 ottobre 1899*
Nella carrozza ristorante

I cuochi all'opera nella piccola cucina della carrozza ristorante sono dei veri e propri maghi: i loro menu dalle numerose portate sarebbero certamente degni del migliore dei ristoranti francesi di Vienna. Per non parlare dei vini! Le tavole sono abbellite da eleganti addobbi, le tovaglie e i tovaglioli sono di lino, i bicchieri di cristallo, il servizio di porcellana è di Limoges, le posate di Christofle & Cie. Ordiniamo dello champagne

Mit Champagner begießen wir den gelungenen Auftakt zu unserer Orientreise. Die Abenteuerlust Elviras erhielt jedoch gleich einen erheblichen Dämpfer: Einer der Ober des Speisewagens war dabei, als seinerzeit am 31. Mai 1891 der Expreßzug nach Konstantinopel von griechischen Banditen überfallen wurde. Die Lokomotive und mehrere Waggons seien damals in der Nacht zum Entgleisen gebracht worden, es habe aber gottlob nur einige Leichtverletzte gegeben. Der Räuberhauptmann Athanasios ein Hüne, seine Raubgesellen übles Gesindel. Athanasios gab vor, griechischer Freiheitskämpfer gegen die Türken zu sein. Die Bande konnte nie gefaßt werden. Sie hat den vor Angst schlotternden Passagieren Geld, Schmuck, Tabak und Zigarren sowie aus dem Speisewaggon Lebensmittel und Getränke geraubt. Zudem mußten für die entführten Geiseln 2.000 Goldsovereigns bezahlt werden.

Die Geschichte des luxuriösen Bahnreisens in Europa beginnt mit einer unglücklichen Liebesgeschichte. Um seinen Sohn Georges von Herzeleid zu befreien schickt ihn sein Vater, der angesehene Bankier Edmond Nagelmackers, 1867 nach Amerika. Dort lernt Georges Nagelmackers, der sich schon zuvor für das aufstrebende Eisenbahnwesen interessiert hatte, die Könige der amerikanischen Expresszüge, die Brüder George Mortimer und Albert Pullman, kennen. Der ältere der beiden Pullmans hatte dereinst nach einer schrecklichen Nachtfahrt geschworen, sich niemals mehr wie Schlachtvieh transportie-

per festeggiare il felice esordio del nostro viaggio in Oriente. Ma la sete d'avventura di Elvira è subito smorzata dal racconto di uno dei camerieri che ha vissuto in prima persona l'assalto all'espresso per Costantinopoli del 31 maggio 1891, ad opera di una banda greca. I malviventi fecero deragliare nottetempo la locomotiva e alcune delle carrozze, ma grazie a Dio nell'incidente rimasero leggermente ferite solo poche persone. La marmaglia era comandata da Athanasios, un vero e proprio gigante che sosteneva di essere un combattente per la libertà contro i turchi. La banda non fu mai catturata. Ai passeggeri, che tremavano di paura, i banditi tolsero denaro, gioielli, tabacco e sigarette e in più si impossessarono delle provviste custodite nella carrozza ristorante. Presero anche degli ostaggi, per i quali dovette essere pagato un riscatto di 2.000 sovereign in oro.

La storia dei viaggi ferroviari di lusso in Europa inizia con un amore infelice. Nel 1867 il prestigioso banchiere Edmond Nagelmackers decide di mandare suo figlio Georges in America, per aiutarlo a superare le sue pene del cuore. Nel Nuovo Mondo, Georges, che aveva già sviluppato un certo interesse per l'emergente settore ferroviario, incontra i «pionieri» dei treni espressi statunitensi, i fratelli George Mortimer e Albert Pullman. Tempo addietro, il maggiore dei fratelli Pullman, reduce da un allucinante viaggio notturno in treno, aveva giurato di non viaggiare mai più come bestiame da macello e nel 1859 aveva costruito la prima carrozza letto nella storia delle ferrovie. Nel 1863 fu pronta la prima carrozza ristorante. **Georges Nagelmackers** *rimane affascinato da*

Überfall auf einen Orient-Zug
Assalto a un treno diretto in Oriente

ren zu lassen und so konstruierte er 1859 den ersten Schlafwagen der Eisenbahngeschichte. 1863 folgte der Speisewagen. **Georges Nagelmackers** ist fasziniert und beschließt, es den Pullmans nachzumachen. Doch der Weg im zersplitterten Europa ist steinig. Nagelmackers gründet 1872, vorerst gemeinsam mit einem amerikanischen Partner, die »Compagnie Internationale des Wagons Lits« CIWL. Im Jahr 1874 kommt Nagelmackers, unterstützt vom belgischen König Leopold II., mit französischen, deutschen und österreichischen Eisenbahngesellschaften, schließlich überein, seine Schlafwagen an deren Züge anzuhängen. Die ersten Waggons stammten aus der Simmeringer Waggonfabrik bei Wien. Später sollten auch Restaurantwagen folgen. Der große Traum Nagelmackers war der Orient Express, der Paris mit Konstantinopel verbinden sollte. Im Jahr 1883 war es endlich so weit, wobei der Zug vorerst noch nach Varna am Schwarzen Meer dampfte, und die Passagiere anschließend mit einem Schiff des Österreichischen Lloyd nach Konstantinopel fahren mussten. Erst nach Vollendung der Trasse 1889 war Konstantinopel durchgängig mit der Bahn erreichbar. Im Jahr 1883 in **»Compagnie Internationale des Wagons-Lits et des Grands Express Européens«** umbenannt, betrieb die Gesellschaft in der Folge nicht nur in Europa ein dichtes Netz von Luxuszügen, sondern fasste auch in Nordafrika und Asien Fuß. Um den noblen Reisenden an den Bahnendpunkten auch entsprechende Hotelunterkünfte anzubieten, gründete die Internationale Schlafwagengesellschaft die »Compagnie

tutto ciò e decide di seguire l'esempio dei Pullman. Ma l'impresa si rivela ardua, in un'Europa frantumata dalle frontiere e dai conflitti. Nel 1872 Nagelmackers, assieme a un socio francese, fonda la Compagnie Internationale des Wagons Lits (CIWL). Grazie al sostegno del re belga Leopoldo II, nel 1874 Nagelmackers riesce a stipulare un accordo con società ferroviarie francesi, tedesche e austriache: i suoi vagoni letto saranno agganciati ai loro treni. I primi vagoni provengono dalla fabbrica di carrozze ferroviarie di Simmering, vicino a Vienna. In un secondo momento vengono messe in circolazione anche le carrozze ristorante. Ma il grande progetto di Nagelmackers è l'Orient Express che collega Parigi a Costantinopoli. Finalmente, nel 1883, Georges corona questo sogno, anche se il treno per ora deve fermarsi a Varna, sul Mar Nero, e i passeggeri devono imbarcarsi su una nave del Lloyd austriaco per raggiungere Costantinopoli. Solo nel 1889 la linea ferroviaria viene ultimata e i treni arrivano fino a Costantinopoli. Ribattezzata **Compagnie Internationale des Wagons Lits et des Grands Express Européens** *nel 1883, la società di Nagelmackers col tempo, oltre a gestire una fitta rete di collegamenti ferroviari di lusso in Europa, riesce ad espandersi anche verso il Nord Africa e l'Asia. Per poter offrire sistemazioni consone nei punti d'arrivo alla sua altolocata clientela, la società crea la* **Compagnie Internationale des Grands Hotels,** *che gestirà una delle prime catene d'alberghi internazionali della storia del turismo. In Egitto alla Compagnie fanno capo lo Shepheard's Hotel e il Ghezireh Palace, a Costantinopoli il Pera Palace e sul Bosforo il Summer Palace Hotel.*

Internationale des Grands Hotels«, eine der ersten internationalen Hotelketten der Tourismusgeschichte. Diese führte in Ägypten etwa das Shepheard's Hotel und das Ghezireh Palace, in Konstantinopel das Pera Palace oder am Bosporus das Summer Palace Hotel.

M. Tokatlian Hotel, Kofferaufkleber

M. Tokatlian Hotel, adesivo per valigia

Orient Express, 2. Oktober 1899
Von Spionen und anderen Passagieren

Mit dem Conducteur geplaudert. Er scheint viel erlebt zu haben im Gerüchte umwobenen Orient Express. Diese rühren nicht zuletzt daher, daß viele gekrönte Häupter, Fürsten, Maharadschas und Paschas mit ihren Harems, Bankiers, Fabrikanten, berühmte Musiker und Schauspieler, zuweilen aber auch sehr schillernde Persönlichkeiten den Zug auf ihren Fahrten zwischen Orient und Okzident benützten. Über erotische Abenteuer in den Schlafwagenabteilen oder gar von Verbrechen im Zug wollte der Schlafwagenschaffner nicht sprechen, das Personal ist sehr verschwiegen. Angeblich haben die englische und die französische Regierung für ihre diplomatischen Kuriere und Agenten eigene Abteile reserviert. Seit wir dies wissen, versuchen Elvira und ich Mitreisende als Spione zu enttarnen, allerdings mit geringem Erfolg.

Orient Express, *2 ottobre 1899*
Spie e altri passeggeri

Ho fatto una chiacchierata con il conducteur, *che sembra aver vissuto ogni genere di bizzarrie sul leggendario* Orient Express. *Tante voci sono nate a causa dei personaggi illustri che se ne sono serviti negli spostamenti tra Oriente e Occidente: teste incoronate, principi, maragià, pascià con i loro harem, banchieri, industriali, musicisti e attori famosi, ma anche qualche personaggio eccentrico. Il* conducteur *non ha voluto pronunciarsi sulle dicerie circa supposte avventure erotiche nei vagoni letto o addirittura presunti crimini commessi sul treno – il personale è molto discreto. Il governo inglese e quello francese avrebbero riservato alcuni scompartimenti per i loro corrieri diplomatici e i loro agenti. Dacché ne abbiamo sentito parlare, io e Elvira giochiamo a smascherare le spie tra i nostri compagni di viaggio – purtroppo senza successo.*

Konstantinopel, 3. Oktober 1899
Endlich im Morgenlande

Ein letzter Ruck und der Zug steht still – wir sind im Orient angekommen! Byzanz, Konstantinopel, Istanbul – geheimnisvolle Namen für eine jahrtausendealte Stadt, welche Abenteuer werden uns erwarten? Das erste ersparen wir uns allerdings gleich, nämlich die strenge Paß- und Zollrevision, welche für Passagiere des Orient Express nur sehr oberflächlich angewandt wird. Der elegante Sirkeci-Bahnhof, der 1890 eigens für den Orient Express errichtet wurde, empfängt uns noch überwiegend abendländisch, doch die anschließende Fahrt mit dem pferdebespannten Hotelomnibus läßt uns sogleich tief in eine orientalische Welt eintauchen. Vorbei an Moscheen, hohen Minaretten, alten Gemäuern, verschleierten Frauen, Männern mit Fez, dazu Gebetsrufe der Muezzins, intensive Gerüche, fremdländische Laute – etwas eingeschüchtert erreichen wir das Pera Palace Hotel. Und sogleich umgibt uns vertrauter Komfort. Diese 1893 für die Passagiere des Orient Express errichtete exklusive Herberge könnte ebenso in Paris stehen oder in Wien. Nur der Maurische Salon und der mit dicken Orientteppichen und echten türkischen Waffen dekorierte Rauchsalon erinnern einen daran, daß man sich in Konstantinopel befindet. Mit dem elektrischen Aufzug (!) gelangen wir in ein elegant eingerichtetes Zimmer, rasch umgezogen, das Déjeuner wartet. Graf L. hat von der französischen Küche des Hotels in den höchsten Tönen geschwärmt, aber auch von der mondänen American Bar.

Costantinopoli, 3 ottobre 1899
Finalmente, ecco il Levante

Un ultimo scossone, e il treno si ferma – siamo arrivati in Oriente! Bisanzio, Costantinopoli, Istanbul – nomi misteriosi per una città millenaria: cosa ci aspetterà? Intanto, la prima avventura ci viene risparmiata, ossia il controllo dei passaporti e l'ispezione doganale, procedure di solito espletate dai turchi con grande rigore, il quale non viene però applicato ai passeggeri dell'Orient Express. L'elegante stazione ferroviaria Sirkeci, appositamente costruita nel 1890 per l'Orient Express, ci accoglie con un'atmosfera prevalentemente occidentale, ma appena usciamo e saliamo sull'omnibus dell'albergo, ci troviamo immersi nel mondo orientale. Davanti ai nostri sguardi sfilano moschee, minareti, mura antiche, donne col velo, uomini che portano il fez, il tutto «condito» dai richiami dei muezzin, da profumi intensi e da suoni esotici – arriviamo al Pera Palace Hotel leggermente intimiditi. L'esclusivo albergo, eretto per i passeggeri dell'Orient Express nel 1893, potrebbe benissimo trovarsi a Parigi o a Vienna. Se non fosse per il salone moresco e la sala per fumatori arredata con spessi tappeti orientali e decorata con autentiche armi turche, non sembrerebbe neppure di stare a Costantinopoli. L'ascensore elettrico (!) ci conduce alla nostra camera dagli arredi raffinati, dove ci cambiamo d'abito velocemente, giacché si è fatta l'ora del déjeuner, cioè della seconda colazione. Il conte L. ci ha parlato con entusiasmo della cucina francese dell'albergo, ma anche dell'aria mondana che si respira all'american bar.

Aufgegeben im k.k. Postamt
Constantinopel III

*Spedito dall'imperialregio ufficio postale
di Costantinopoli III*

Konstantinopel, 4. Oktober 1899
Im Orient und doch fast wie zu Hause

Unser erster Weg gilt dem österreichisch-ungarischen Konsul, das Empfehlungsschreiben aus Wien öffnet uns Tür und Tor. Botschaft und Konsulat liegen in der Nähe unseres Hotels in der Rue Tom Tom im Stadtteil Pera. Hier hatten schon im Mittelalter venezianische und genuesische Kaufleute ihre Handelsniederlassungen, das Viertel ist auch ganz westlich. Unser Botschaftsgebäude beherbergte früher die venezianische Vertretung. Der hilfsbereite Gesandte W. wird uns die Besichtigung des verlassenen alten Serails ermöglichen, der allerdings schon etwas verwahrlost sein soll. Haben nach dem Konsulatsbesuch gleich die eleganteste Flaniermeile Konstantinopels, die Grande Rue di Pera, mit ihren Restaurants und Geschäften, Bierhallen, Konditoreien, europäischen Clubs und Theatern aufgesucht. Man fühlt sich hier fast wie zu Hause, insbesondere in der Brasserie Viennoise Janni, wo ich gleich ein wohlmundendes Wiener Schnitzel und Elvira einen Tafelspitz verzehrte. Bei einem kühlen böhmischen Pils erzählte mir ein Kaufmann der österreichischen Handelsfirma Stavro & Co., daß man gute Geschäfte mit den roten Fezen mache. Die Monarchie habe im ganzen Orient bei den auch als »türkische Kappen« bezeichneten Kopfbedeckungen fast ein Monopol. Gut verkaufen ließen sich auch böhmische Glas- und Kristallwaren, Porzellan, Kronleuchter, Zündhölzer und Zucker. Die Flaschen der Wasserpfeifen stammen vielfach aus Österreich-Ungarn.

Costantinopoli, 4 ottobre 1899
Siamo in Oriente oppure in Europa?

Per prima cosa ci rechiamo in visita dal console austroungarico, muniti della lettera di raccomandazione ricevuta a Vienna che ci apre ogni porta. L'ambasciata e il consolato si trovano nei pressi del nostro albergo, in Rue Tom Tom, nel quartiere di Pera. In questo quartiere dal carattere occidentale nel Medioevo si stabilirono commercianti veneziani e genovesi per erigervi le filiali delle loro ditte. Il palazzo dell'ambasciata austriaca in passato ospitava proprio la legazione veneziana. Il ministro plenipotenziario W., molto prestevole, troverà il modo di farci visitare l'antico serraglio abbandonato, che si dice sia abbastanza mal ridotto. Subito dopo la visita al consolato ci siamo recati sul più elegante passeggio di Costantinopoli, la Grande Rue de Pera, *costellata di ristoranti, negozi, birrerie, pasticcerie, club europei e teatri. Ci siamo quasi sentiti a casa, soprattutto alla* Brasserie Viennoise Janni, *dove io ho mangiato una gustosa* Wiener Schnitzel *ed Elvira un* Tafelspitz. *Mentre sorseggiavamo una fresca birra Pils boema, un impiegato dell'impresa commerciale austriaca* Stavro & Co. *mi ha confidato che con i fez rossi si fanno buoni affari. L'Austria, ha spiegato, ha una specie di monopolio in Oriente su quei copricapi detti anche «berretti turchi». Sono molto richiesti, inoltre, cristalli e vetri boemi, porcellane, lampadari, fiammiferi e lo zucchero. I bottiglioni dei narghilè spesso sono prodotti in Austria-Ungheria.*

Verschlußmarke des k.k. Botschafts-Postamtes in Konstantinopel

Timbro dell'imperialregio ufficio postale di Costantinopoli

Konstantinopel, 5. Oktober 1899
Zwei Weltwunder

Gewaltig sind die Ausmaße der Hagia Sophia, nur schade, daß das Äußere durch zahlreiche Anbauten verschandelt ist. Dieses Wunderwerk antiker Baukunst wurde vom byzantinischen Kaiser Justinian im 6. Jahrhundert unserer Zeitrechnung erbaut. Seit Eroberung der Stadt durch die Osmanen im Jahre 1453 glänzt statt des christlichen Kreuzes allerdings ein Halbmond auf der riesigen Kuppel. Im Inneren können auch die Kalkübertünchungen der wertvollen Mosaiken und die Anbringung großer runder Tafeln mit mohammedanischen Inschriften den überwältigenden Eindruck nicht beeinträchtigen, den dieser großartige Kuppelbau mit den mächtigen Säulenalleen beim Beschauer hinterläßt. In der Nähe, am Ort des ehemaligen Circus Maximus, wo noch ein Obelisk aus Heliopolis steht, hat sich letztes Jahr auch der deutsche »Keser Wilem« mit einem protzigen Brunnen verewigt. Interessanter ist da der Vergleich der Hagia Sophia mit dem schönsten Gotteshaus, das der Islam in Konstantinopel hervorgebracht hat, die Süleymania. Die imposanteste aller Sultansmoscheen liegt weithin sichtbar am dritten Stadthügel und wurde von Süleyman dem Prächtigen erbaut. Weiträumig ist der ganze Komplex, die mächtige Kuppel scheint zu schweben, man ist überwältigt. Baumeister Sinan ist Michelangelo durchaus ebenbürtig. Die umliegenden türkischen Häuser sind regelmäßig aus Holz gebaut, sie machen zumeist einen recht

Costantinopoli, 5 ottobre 1899
Due meraviglie del mondo

Sono veramente imponenti le dimensioni della Hagia Sophia, *peccato però che le facciate siano state deturpate dall'aggiunta di numerose costruzioni. Questo vero e proprio prodigio dell'architettura antica fu fatto erigere dall'imperatore bizantino Giustiniano nel VI secolo dell'era cristiana. Nel 1453, anno in cui la città fu conquistata dagli ottomani, la mezzaluna ha preso però il posto della croce cristiana che svettava sull'enorme cupola. All'interno, nessuna delle modifiche apportate, né la copertura a calce dei preziosi mosaici né le iscrizioni maomettane sui grandi pannelli rotondi fissati alle pareti, riesce a sminuire l'effetto travolgente della grandiosa costruzione a cupola con gli immensi colonnati. Nei pressi della* Hagia Sophia, *sul luogo in cui anticamente sorgeva il Circus Maximus e in cui tuttora si erge un obelisco di Eliopoli, anche il* Keser Wilem *(l'imperatore tedesco Guglielmo II) si è immortalato l'anno scorso facendo costruire una vistosa fontana. Ma è sicuramente più interessante il confronto tra l'*Hagia Sophia *e il tempio islamico più bello di Costantinopoli: la* Suleymania. *Eretta da Suleyman il Magnifico, è la più imponente di tutte le moschee sultanali e troneggia sul terzo colle della città. Di fronte all'ampiezza dell'intero complesso e all'imponente cupola che sembra sospesa nell'aria si resta letteralmente rapiti. L'architetto Sinan è certamente all'altezza di Michelangelo. Le case turche che circondano la moschea sono fatte di legno e hanno l'aria piuttosto malconcia. Periodicamente terremoti e incendi decretano la fine repentina*

K.u.k. Postamt in Konstantinopel

Imperialregio ufficio postale a Costantinopoli

verwahrlosten Eindruck. In regelmäßigen Abständen setzen Erdbeben und Brände, die zum Teil ganze Stadtviertel verwüsten, diesen baufälligen Bauwerken ein jähes Ende.

di queste costruzioni, a volte devastando interi quartieri.

Konstantinopel, 6. Oktober 1899
In der Moschee, ein Stimmungsbild

Manche Menschen wissen sich eben nicht zu benehmen! Jenseits des Moscheevorhangs lautes Lachen und dann die
Erste Stimme: »Wat, die jroßen Strohschlappen solln wa überziehen, das ist doch jottvoll!«
Zweite Stimme: »Ach, sieh dir mal den Koranonkel an.«
Zwei junge Leute, Vertreter von Berliner Handelshäusern, treten geräuschvoll ein. Sie behalten die Hüte auf dem Kopf. Hinter ihnen, mit gesenktem Haupt, die Hände in seinen weiten Ärmeln versteckt, lautlos hereingleitend der Imam.
Der Erste: »Siehste, so sieht 'ne Moschee aus – nu benimm dir Fritze und achte auf die Jebräuche!« – fröhliches Lachen
Der Zweite: »Also in 'ner Moschee wärn wa und 'n richtiggehender Imam is ooch dabei – jottvoll!«
Der Erste: »Famose Chose!«
Der Zweite: »Verdrehter Kram!«
Eine anwesende Dame: »Ich würde ihnen raten, etwas leiser zu sein; in einer Kirche würden Sie doch auch nicht so laut lachen.«
Der Zweite, laut lachend: »Aber was hat

Costantinopoli, 6 ottobre 1899
Una visita alla moschea

Certa gente non sa proprio come comportarsi! Da dietro la tenda provengono fragorose risate.
Una delle voci: *Cosa, dobbiamo infilarci queste pantofolacce? Ehi ragazzi, è fantastico!*
Seconda voce: *Guarda là quel mammalucco.*
Due giovanotti, rappresentanti di ditte commerciali berlinesi, entrano rumorosamente. Non si tolgono il cappello. Dietro di loro, a capo chino, con le mani nascoste nelle ampie maniche, passa silenzioso l'imam.
Primo: *Su, questa sarebbe una moschea ... Ora fa' il bravo Fritz, e sta' attento alle usanze del luogo!*
Ridono.
Secondo: *Insomma, noi saremmo in una moschea e c'è anche un imam in giro... Fantastico!*
Primo: *Favoloso!*
Secondo: *Roba da matti!*
Una signora presente: *Vi consiglierei di non fare tanto chiasso; in una chiesa non ridereste così forte.*
Secondo *(ridendo forte)*: *Già, ma questo posto che c'entra con una chiesa?*
Signora: *Anche questa è una casa di Dio.*
Primo: *Divino ...! questa buffa baracca qui?*
Signora: *Almeno non urtate i sentimenti di chi la considera sacra!*

Diesen Dialog konnte unser Reisender um 1900 nicht kennen, stammt er doch aus »Die letzten Tage der Menschheit« von Karl Kraus (II. Akt, 19. Szene). Diese 1922 als Buchausgabe erschienene monumentale Satire gibt allerdings menschliche Ignoranz derart zeitlos wieder, dass sie sicherlich um 1900 nicht anders in Erscheinung trat.

—•◆•—

Il Nostro non poteva conoscere questo dialogo tratto da «Gli ultimi giorni dell'umanità» (atto secondo, scena XIX) di Karl Kraus (edizione italiana Adelphi 1990), satira monumentale pubblicata soltanto nel 1922 in forma di libro. Pur essendo successiva a questo viaggio in Oriente, la descrizione che l'opera fornisce dell'ignoranza umana è senza tempo, e pertanto fa al nostro caso.

Betender Muslim
Musulmano in preghiera

denn det mit 'ner Kirche zu tun?«
DIE DAME: »Es ist eben ein Gotteshaus.«
DER ERSTE: »Gottvoll – diese varückte Bude hier?«
DIE DAME: »So verletzen Sie wenigstens nicht die Gefühle derjenigen, denen es ihr Heiligtum ist!«
DER ZWEITE: »Ach, den Kismetköppen ist ja doch alles wurscht. Na schön, Morjen!«
Sie gehen laut lachend und polternd ab.

SECONDO: *Ah, per questi Alì Babà fa tutto lo stesso. E va bene, 'ngiorno!*
Escono ridendo forte e schiamazzando.

Konstantinopel, 7. Oktober 1899
Orientalische Geheimnisse

Würde gerne einen Harem besuchen! Stelle mir Bilder aus tausendundeiner Nacht vor, wertvolle Teppiche, Diwane, bezogen mit seidenen Stoffen, Kerzenflackern in funkelnden Ampeln, schwere Gerüche ... glaube nicht, daß mich Elvira dorthin gehen ließe. Abgesehen davon ist es auch gar nicht möglich, selbst in der Straßenbahn sind weibliche Passagiere durch einen Verschlag streng von den Männern getrennt. Muß mich daher mit der Betrachtung von Frauen auf der Straße begnügen und da ist fast nichts zu sehen. Vornehme Haremsdamen benützen geschlossene Wagen, auf der Straße tragen die Damen ärmellose, dunkle Umhänge, welche ihre Gestalt ganz verhüllen. Auch das Gesicht ist bedeckt von einem Schleier, Jaschmak genannt, der nur die Augen frei läßt. Doch welche Augen – habe nicht wenige feurige Blicke eingefangen. Zumeist sind die Haremsdamen von Eunuchen begleitet. Diese haben auffal-

Costantinopoli, 7 ottobre 1899
Misteri orientali

Mi piacerebbe visitare un harem! Immagino scene da Mille e una notte, *tappeti preziosi, divani rivestiti di seta, lampade scintillanti che emanano una luce tremolante di candela, l'aria carica di profumi... ma dubito che Elvira me ne darebbe il permesso. E a parte questo, non sarebbe comunque possibile, considerato che persino sul tramvia le donne sono nascoste dietro una parete divisoria che le separa dai passeggeri uomini. Mi devo dunque limitare a contemplare le signore sulla strada, anche se c'è ben poco da vedere. Le eleganti donne dell'harem viaggiano su carrozze chiuse e le altre, quando passeggiano sulla strada, indossano degli scuri mantelli senza maniche che celano completamente la loro figura. Anche il volto è coperto da un velo detto* yashmak, *che lascia scoperti soltanto gli occhi. Ma che occhi! Ho sentito posarsi su di me non pochi sguardi focosi. Per lo più le donne che vivono nell'harem sono accompagnate da eunuchi, personaggi dai piedi e dalle mani particolarmente lunghi, dai*

lend lange Füße und Hände und blasse, aufgedunsene, bartlose Gesichter mit wulstigen Lippen. Gekleidet sind sie in lange schwarze Röcke mit einem roten Fez auf dem Kopf – arme Geschöpfe. (*)

Konstantinopel, 8. Oktober 1899
Alle Waren dieser Welt

Im großen Bazar! Farben, Gerüche, Eindrücke, was für ein Stimmengewirr. Die Sinne sind gebannt, verwirrt, überfordert ob der Vielfalt an Waren und Menschen – hier buntgemusterte Teppiche, dort funkelnde Juwelen, zu farbigen Bergen aufgehäufte Gewürze, fließende Seidenstoffe, Fläschchen voll wohlduftender Essenzen, blitzende Dolche mit elfenbeinverzierten Griffen, brodelnde Wasserpfeifen, dazu ein dichtes Menschengewirr, verschleierte Frauen, im Wachschlaf – türkisch Kef – versunkene Kaufherrn, Knaben, die wie Zirkusartisten ihre mit dampfenden Speisen überhäuften Servierbleche durch die scheinbar undurchdringliche Menge balancieren, aufdringliche Schuhputzer, hämmernde Kupferschmiede, unter Kisten und Säcken verschwindende Träger, Tagelöhner und Bettler, deren Elend unsere Herzen berührt – Türken, Griechen, Armenier, Juden, Afrikaner, Araber, Levantiner, dazu nicht wenige Europäer. Alles gibt es hier zu kaufen, nur den Sklavenmarkt sucht man vergebens, ist doch die Sklaverei seit 1855 im Osmanischen Reich abgeschafft. Schwarze Eunuchen und scheue, hellhäutige Mädchen, die

volti gonfi e imberbi e dalle labbra tumide, che indossano lunghe sottane nere e portano un fez rosso – povere creature! (*)

Costantinopoli, 8 ottobre 1899
Tutte le mercanzie di questo mondo

Visita al grande bazar! Che ridda di colori, fragranze, impressioni e che baraonda! La grande varietà di merci e persone ammalia e turba i sensi, e li sollecita oltremisura: tappeti policromi di qua, gioielli scintillanti di là, spezie in mucchi colorati, sete fluenti, ampolle colme di essenze profumate, pugnali luccicanti dall'impugnatura in avorio istoriato, narghilè gorgoglianti e in più la calca, donne velate, mercanti sprofondati nel dormiveglia, detto kef, fanciulli che come acrobati portano in bilico vassoi carichi di pietanze fumanti facendosi largo tra la folla apparentemente impenetrabile, lustrascarpe insolenti, battirame martellanti, facchini sommersi da casse e sacchi, braccianti e mendicanti, la cui povertà ci turba – turchi, greci, armeni, ebrei, africani, arabi, levantini e non pochi europei. Qui si può comprare di tutto, ma non esiste il mercato degli schiavi, giacché la schiavitù nell'Impero ottomano è stata abolita nel 1855. Gli eunuchi di colore e le timide ragazze dalla pelle chiarissima esposte agli sguardi concupiscenti dei loro acquirenti restano dunque appannaggio dei nostri pittori specializzati in soggetti orientali, i quali, per la grande gioia della loro clientela non meno concupiscente, propongono il tema in tutte le salse.

Badefreuden: Rosenölspender, Badesandalen und ein besticktes Handtuch

Accessori da bagno: dosatore di olio di rosa, sandali da bagno e asciugamano ricamato

den begehrlichen Blicken ihrer Käufer preisgegeben sind, bleiben daher der Phantasie unserer Orientmaler vorbehalten, die dieses Sujet zur Freude ihrer nicht weniger begehrlichen Kundschaft ausgiebig abhandeln.

Konstantinopel, 9. Oktober 1899
Im Hamam

Nach der Überfülle von Eindrücken hilft nur der Besuch im Hamam, der Hotelportier hat mir selbigen wärmstens empfohlen. Und in der Tat, anfangs versprach das Abenteuer durchaus Entspannung. Ein marmorverkleideter Raum, durch die runden, mit färbigem Glas verschlossenen Öffnungen der Kuppel drang bündelförmig das Licht, das sich geheimnisvoll im Raum verbreitete. Der Badediener lockerte die verspannten Muskeln durch kräftige Massage, begoß einen mit warmem Wasser, bald fühlte man sich, eingeschäumt von aromatischen Olivenseifen, wie neugeboren. Doch plötzlich – oh Schmerz – begann der Folterknecht mir die Haut vom Leib zu schaben, alles Flehen nützte nichts. Schon bald fühlte ich mich dem heiligen Bartholomäus gleich, dem bei lebendigem Leibe die Haut abgezogen wurde. In große Tücher gewickelt, mit Rosenöl besprengt, endete das Martyrium bei aromatischem Tee und siehe, die Lebensgeister kehrten bald wieder.

Costantinopoli, 9 ottobre 1899
Nell'hamam

Reduce dalla scorpacciata di impressioni, cerco rifugio nell'hamam, consigliatomi caldamente dal portiere dell'albergo. In effetti, inizialmente la visita promette senz'altro una certa distensione: il locale è rivestito di marmo, la luce filtra a fasci dalle aperture rotonde della cupola, chiuse con vetrate colorate, e si diffonde misteriosamente nell'ambiente. L'addetto al bagno mi ammorbidisce i muscoli contratti con un massaggio vigoroso, mi getta addosso dell'acqua calda, mi copre di schiuma di sapone aromatico all'olio d'oliva e ben presto mi sento rinascere. Ma improvvisamente – ahimé – il mio seviziatore prende a raschiarmi la pelle. A niente valgono le mie suppliche. Mi sento come san Bartolomeo scorticato vivo. Avvolto in grandi teli, cosparso di olio di rosa, concludo il mio calvario sorseggiando del tè aromatico ed ecco che il mio corpo riprende vita.

Konstantinopel, 10. Oktober 1899
Mit einem Boot zum Postamt

Hab mich in einem Boot zum österreichischen Postamt in Galata rudern lassen – tatsächlich, es liegt direkt am Wasser! Da die türkische Post nicht ordentlich arbeitet, haben die Großmächte im Osmanischen Reich eigene Postanstalten errichtet. Die österreichische Post hat in Konstantinopel sogar drei Postämter, daneben gibt es ein französisches, ein englisches, ein deutsches, ein russisches und ein italienisches Amt. Der Postamtsleiter versicherte mir, daß die österreichische Post ordentliche Gewinne abwürfe und bei den europäischen Kaufleuten, aber auch bei den Türken sehr angesehen sei. Es gibt sogar eigene Piaster- und Para-Briefmarken mit dem Portrait unseres Kaisers darauf. Werd' meinen Freunden eine Postkarte mit den abgestempelten Marken sämtlicher ausländischer Ämter in Konstantinopel senden, die werden Augen machen. Zudem schicke ich meine Briefe rekommandiert, dann tragen sie den gelben Einschreibezettel mit der Aufschrift »Constantinopel I, II oder III, österr. Post«.

Konstantinopel, 11. Oktober 1899
Schiefe Turbane

Hab mit Elvira einen mohammedanischen Friedhof besucht. Dort hat uns ein freundlicher, französisch sprechender Türke die verschiedenen Grabsteine erklärt. Besonders interessant sind die mit schief gestelltem Fez

Costantinopoli, 10 ottobre 1899
Una passeggiata in barca all'ufficio postale

Ho preso una barca per farmi portare all'ufficio postale austriaco di Galata che, effettivamente, si trova proprio sulla riva. Poiché le Poste turche non funzionano a dovere, le grandi potenze hanno istituito dei propri enti postali nell'Impero ottomano. Le Poste austriache dispongono addirittura di tre uffici postali a Costantinopoli, e inoltre ne esiste uno francese, uno inglese, uno tedesco, uno russo e uno italiano. Il direttore dell'ufficio postale mi ha assicurato che le Poste austriache lavorano con discreto profitto e godono ottima fama presso i commercianti austriaci ma anche tra i turchi. Esistono persino degli speciali francobolli con valori in piastre e parà, che recano il ritratto del nostro imperatore. Manderò agli amici una cartolina postale con i francobolli timbrati da tutti gli uffici postali stranieri di Costantinopoli: rimarranno a bocca aperta. In più spedirò le mie lettere con la posta raccomandata, in modo che siano munite del classico bigliettino giallo con la scritta «Costantinopoli I, II o III, Poste austriache».

Costantinopoli, 11 ottobre 1899
Turbanti sbilenchi

Con Elvira abbiamo visitato un cimitero maomettano dove un turco gentile, che parlava il francese, ci ha illustrato i vari tipi di lapidi. Sono particolarmente interessanti quelle con il fez o il turbante inclinati: significa che il defunto

---

Piaster und Para waren um 1900 Münzen im Osmanischen Reich und in Ägypten.

— • ♦ • —

La piastra e il parà erano monete dell'Impero ottomano e dell'Egitto nel primo Nocevento.

Haremsdame

Donna dell'harem

oder Turban, was bedeutet, daß der Verblichene mit Mohammeds Hilfe und durch die Gnade des Sultans in das ewige Reich entsandt, das heißt auf des letzteren Befehl geköpft wurde. Das soll aber keine Schande sein – ich für meinen Teil würde allerdings ein Grabmal mit aufrecht stehendem Turban vorziehen! (*)

Konstantinopel, 12. Oktober 1899
Böhmische Hafenmädchen

Im Stadtviertel Galata, am Nordufer des Goldenen Horns gelegen, ist das Treiben unbeschreiblich! Hier befindet sich nicht nur das Zentrum des europäischen Handels – Banken, Kaufhäuser, Versicherungen – hier haben sich auch unzählige Werkstätten, Barbiere, Kaffeelokale, Imbißstuben, Verkaufsbuden und dunkle Spelunken angesiedelt. Der Wiener Bankverein besitzt in Galata ein Bureaugebäude, vorbeigegangen sind wir auch am österreichischen Konfektionskaufhaus Stein, die Firma ist angeblich im ganzen Orient vertreten. Ein buntes Völkergemisch zieht vom frühen Morgen an lärmend, schreiend und drängend durch Straßen und Gassen. Dazwischen unzählige verwilderte Straßenhunde, die von der Stadtverwaltung offensichtlich zur Müllbeseitigung angestellt wurden. In der Nacht soll das Leben hier noch abenteuerlicher sein. In übel beleumundeten Trinkhallen, Tanzetablissements und Spielhöllen versucht man Matrosen und anderen Nachtschwärmern das Geld aus den Taschen zu ziehen. Dolche sollen hier recht locker sitzen. Be-

è passato a miglior vita con l'aiuto di Maometto e per grazia del sultano, vale a dire che è stato decapitato su ordine di quest'ultimo. A quanto pare morire in questo modo non è considerata una vergogna. Io preferirei senz'altro una lapide con il turbante dritto! (*)

Costantinopoli, 12 ottobre 1899
Le ragazze boeme del porto

Nel quartiere di Galata, situato sulla sponda settentrionale del Corno d'Oro, vi è un viavai indescrivibile! Questa zona non solo è il centro del commercio europeo – banche, empori, assicurazioni – ma vi si è anche insediata una miriade di officine, barbierie, caffè, tavole calde, banchetti e bettole. Qui la Bankverein viennese possiede un edificio e siamo anche passati davanti al negozio di confezioni austriaco Stein – sembra che la ditta faccia affari in tutto l'Oriente. Un miscuglio di popoli e razze percorre strade e vicoli fin dal primo mattino, tra schiamazzi, grida e spintoni. Tra la gente si aggirano innumerevoli cani randagi, che l'amministrazione comunale evidentemente ha incaricato della rimozione dei rifiuti. Dicono che di notte la vita qui sia ancora più avventurosa. Chioschi di bibite, locali da ballo e bische di cattiva fama si riempioni di marinai e di altri nottambuli a cui si cerca di sfilare i soldi dalle tasche. Pare che la gente abbia il coltello facile. Sono famose le ragazze boeme che nelle bettole del porto racimolano qualche soldo guadagnato col sudore. Il ministro plenipotenziario W. mi ha assicurato che queste giovani

Haremsdame in Bronze
Donna dell'harem, bronzo

rühmt sind die Böhmischen Hafenmädchen, die in den Spelunken ihren schwer erarbeiteten Lohn verdienen. Konsul W. versicherte mir allerdings, daß sie unter dem rechtlichen Schutz der Gesandtschaft stünden, der gegenüber der Impresario für die Sicherheit und Ehrbarkeit der Mädchen einstehen müsse. (*)

Konstantinopel, 13. Oktober 1899
Untergrundbahn, Apfelstrudel und Panoramablick

Die Tunnelbahn führt zum weithin sichtbaren Galata-Turm. Diese unterirdische Drahtseilbahn hat eine französische Gesellschaft 1875 errichtet – Elvira blickt trotzdem recht skeptisch. Sie ist die älteste Untergrundbahn der Welt, aber auch die kürzeste. Nach rascher Fahrt umfangen uns plötzlich heimatliche Wohlgerüche: Die verführerischen Mehlspeisdüfte der Wiener Bäckerei Benditsch, denen Elvira und ich nicht widerstehen konnten. Gestärkt erklimmen wir die unzähligen Stufen des Galata-Turmes. Der grandiose Rundblick entschädigte für die vergossenen Schweißtropfen: Moscheen, Minarette, Karawansereien, Kirchen und ein Häusermeer, im Hafen unzählige Dampfschiffe, Segler und Barken, Bosporus und Marmarameer breiteten sich vor uns aus. Zu unseren Füßen auch die österreichische **Sankt-Georgs-Kolleg**, der wir hernach einen kurzen Besuch abstatteten. Die Kinderschar stamme aus verschiedenen Nationen, erklärte uns der Direktor, die Schüler in den Klassen zeigten sich eifrig.

hanno la protezione della legazione, verso la quale l'impresario risponde della loro incolumità e della loro rispettabilità. (*)

Costantinopoli, 13 ottobre 1899
Funivia sotterranea, strudel di mele e vista panoramica

*Alla torre di Galata, che domina il quartiere, si arriva in sotterranea. La linea funiviaria è stata costruita nel 1875 da una società francese, ma ciò nonostante Elvira ha qualche perplessità a salire. Si tratta della più antica linea sotterranea del mondo, ma anche della più corta. Un breve viaggio, e improvvisamente ci circondano olezzi di casa: sono i profumi squisiti che si sprigionano dai forni della pasticceria viennese Benditsch e ai quali né io né Elvira sappiamo resistere. Dopo esserci rifocillati, saliamo gli innumerevoli gradini della torre di Galata. La grandiosa vista panoramica ci ripaga del sudore versato: il nostro sguardo si posa su moschee, minareti, caravanserragli, chiese e un mare di case; al porto sono ormeggiati innumerevoli piroscafi, velieri e barche, il Bosforo e il Mar di Marmara si estendono ai nostri piedi. Laggiù c'è anche il **Sankt-Georgs-Kolleg**, una scuola austriaca che andiamo a visitare. Gli alunni studiano con diligenza e sono di diverse nazionalità, come ci spiega il direttore.*

Eines der wenigen verbliebenen Vorzeigeobjekte Österreich-Ungarns im Orient ist das **Sankt-Georgs-Kolleg** in Istanbul. Die Geschichte dieser Bildungseinrichtung reicht in die Mitte des 19. Jahrhunderts zurück, als das gleichnamige Kloster bosnischen Franziskanern gehörte. Später waren hier auch das k.u.k. Marineamt, ein Marinespital und das Konsulatsgefängnis untergebracht. Scheinbar beabsichtigte man in Sankt Georg ein österreichisches Zentrum in Konstantinopel aufzubauen. 1882 wurde der Klosterkomplex mit finanzieller Hilfe des Kaisers vom österreichischen Lazaristenorden erworben. Diese richteten eine Volksschule und ein Waisenhaus ein, zugleich wurde eine von Grazer Barmherzigen Schwestern vom Hl. Vinzenz von Paul geführte Mädchenschule eröffnet. Das von der österreichisch-ungarischen Kolonie geförderte Schulprojekt hatte Erfolg, 1888 wurden hier bereits 400 Schüler unterrichtet. Die Schule war international und stand auch nicht katholischen Kindern offen. Bis zum Ersten Weltkrieg bestanden in Sankt Georg neben der Volksschule eine Handels- und eine Realschule für Knaben sowie eine Bürger- und Handelsschule für Mädchen. Die Barmherzigen Schwestern führten zudem noch drei Spitäler, darunter seit 1893 das erste Kinderspital Konstantinopels. Nach kriegsbedingten Unterbrechungen entwickelte sich das Sankt-Georgs-Kolleg in Galata zu einer geschätzten Bildungseinrichtung, die von türkischen Schülern gerne besucht wird. Auch das nahe gelegene **österreichische Krankenhaus** hat sein hohes Ansehen bis heute erhalten.

*Il **Sankt-Georgs-Kolleg** di Istanbul è uno dei pochi fiori all'occhiello che l'Austria può ancora vantare in Oriente. La storia della istituzione risale alla metà del XIX secolo, quando l'omonimo convento era gestito da frati francescani bosniaci. L'edificio ospitò poi anche l'ufficio dell'imperialregia Marina, l'ospedale della Marina e il carcere del consolato. Sembra che con San Giorgio si tentasse di creare un centro austriaco a Costantinopoli. Nel 1882, il complesso formato dal convento fu acquistato dai lazzaristi austriaci, coll'aiuto economico dell'imperatore. I lazzaristi vi istituirono una scuola elementare e un orfanotrofio, e nel contempo si inaugurò una scuola femminile gestita dall'Ordine delle sorelle misericordiose di San Vincenzo de' Paoli. Il progetto scolastico, appoggiato dalla colonia austroungarica, ebbe successo: nel 1888, si contavano 400 alunni. La scuola era internazionale e vi erano ammessi anche bambini e ragazzi non cattolici. Fino alla Grande Guerra, a San Giorgio esistevano, accanto alla scuola elementare, un istituto commerciale e un liceo maschili nonché una scuola media e un istituto commerciale femminili. Le Sorelle misericordiose, inoltre, gestivano tre ospedali, tra cui il primo ospedale pediatrico di Costantinopoli, inaugurato nel 1893. Dopo le sospensioni delle attività dovute allo scoppio della guerra, l'Istituto di San Giorgio divenne una apprezzata istituzione formativa austriaca, scelta anche da studenti turchi. Anche l'**ospedale austriaco** che sorge nei pressi dell'istituto ha conservato fino ad oggi il suo grande prestigio.*

Leporello vom Bosporus

Vedute del Bosforo raccolte in un album a fisarmonica

Konstantinopel, 14. Oktober 1899
An den süßen Ufern Asiens

Im dicht gedrängten Hafen von Konstantinopel ist auch unser Vaterland prominent vertreten: Da liegen zwei Dampfer des Österreichischen Lloyd vor Anker und unser stolzes Stationsschiff »Taurus«. Die Jacht ist das Dienstschiff unseres Botschafters, stolz hält sie die Flagge der Monarchie in diesen fernen Gewässern hoch. Haben uns auf Anraten des Gesandten W. zu einer Bosporusfahrt entschlossen und brauchen diesen Entschluß nicht zu bereuen. Die Landschaft entlang des europäischen und des asiatischen Ufers ist ungemein reizvoll, kleine Fischerdörfer, die von schlanken Minaretten überragt werden, trutzige Festungen, einladende Villen in weitläufigen Gärten direkt an den Gestaden. Auf einem besonders schönen Flecken steht das luxuriöse Summer Palace Hotel, das im Sommer Anziehungspunkt eines eleganten, zum Teil exotischen Publikums ist. Besonders eindrucksvoll auch die Sommerresidenz unseres Botschafters in Yeniköy. Der Palast wurde dem Kaiser 1882 vom Sultan geschenkt, der ihn zuvor einem armenischen Bankier wegen dessen Steuerschulden abgenommen hatte. Der Gesandte W. meinte allerdings, daß es ein teures Geschenk gewesen sei, da die Renovierung der Ruine Unmengen verschlungen habe. Die Strahlen der untergehenden Sonne lassen bei unserer Heimkehr die Silhouette der Stadt im Wasser sich spiegeln, ein unvergeßliches Naturschauspiel!

Costantinopoli, 14 ottobre 1899
Sulle dolci coste dell'Asia

Nell'affollatissimo porto di Costantinopoli, anche la nostra patria ha una rappresentanza di alto profilo: vi ormeggiano due navi a vapore del Lloyd austriaco e la nostra nave coloniale Taurus, un panfilo usato come imbarcazione di servizio dal nostro ambasciatore. Il Taurus tiene alta la bandiera dell'impero in queste acque lontane. Su suggerimento del ministro plenipotenziario W., decidiamo di fare una gita al Bosforo e non ce ne pentiamo. Il paesaggio lungo le coste europee e quelle asiatiche è oltremodo ameno: piccoli villaggi di pescatori su cui svettano minareti slanciati, fortezze dall'aria battagliera, invitanti ville immerse in ampi giardini lambiti dal mare. In una posizione particolarmente bella, il lussuoso Summer Palace Hotel, che d'estate attira una clientela elegante, in parte esotica. Colpisce particolarmente anche la residenza estiva del nostro ambasciatore a Yeniköy, un palazzo di cui il sultano fece dono all'imperatore nel 1882, dopo averlo requisito a un banchiere armeno indebitato con il fisco. Il ministro plenipotenziario W. sostiene tuttavia che fu un regalo costoso per chi lo ricevette, giacché il restauro di quella rovina costò un occhio della testa. Al nostro rientro dalla gita il sole sta tramontando e i suoi raggi riflettono sulla superficie dell'acqua i contorni della città – uno spettacolo indimenticabile!

Konstantinopel, 15. Oktober 1899
Andenken aus Stambul

Zu Abschluß nochmals im großen Bazar. Habe einen alten kaukasischen Teppich erworben und ein mit Intarsien verziertes Tischchen. Der Händler hat bei seiner Ehre versichert, daß das Möbel aus Süleymans Zeiten stammt – worauf allerdings nicht viel zu geben ist, das Möbel ist allerhöchst 100 Jahre alt. Der Kauf selbst jedoch ein Schauspiel! Wir hatten den Laden gerade betreten, da schickte der Kaufherr schon einen Burschen um Kaffee, jedes Geschäft beginnt mit einem dampfenden Schälchen. Dann wurden die Waren vor uns ausgebreitet, man kann sicher sein, daß der Verkäufer als Preis das Doppelte, wenn nicht ein Mehrfaches des wahren Wertes nennt. Habe daher ganz ruhig als Gegengebot ein Viertel der geforderten Summe genannt. Bald kam dann ein staunenswertes Gebot: »Nimm es umsonst, Effendi!« – was selbstverständlich nicht wörtlich zu nehmen ist. Bei großer Hartnäckigkeit des Händlers macht es zuweilen guten Effekt, wenn man sich kurz zum Gehen wendet, auch wir haben uns dieser Finte bedient. Hat man endlich sein allerletztes Gebot getan, und der Verkäufer ist bereit, darauf einzugehen, so unterläßt er es zumeist nicht hinzuzufügen: »Ich tue es aus besonderer Rücksicht für dich, Effendi, ich mache damit nur Verlust.« Habe Auftrag gegeben, Teppich und Tischchen zwecks Verbringung in die Heimat beim österreichischen Postamt aufzugeben. (*)

Costantinopoli, 15 ottobre 1899
Ricordo di Stambul

A conclusione del nostro soggiorno sono tornato al grande bazar e vi ho acquistato un tappeto caucasico e un tavolinetto intarsiato – il commerciante mi ha dato la sua parola d'onore che si trattasse di un mobile dell'epoca di Suleiman, ma non gli do molto credito: secondo me il tavolo ha al massimo 100 anni. La cerimonia che ha preceduto l'acquisto è stata una vera sceneggiata! Appena abbiamo messo piede nel negozio, il mercante ha subito mandato un garzone a prendere del caffè: qui ogni affare inizia con una tazza fumante. Poi è arrivato il momento di srotolare i tappeti e parlare di prezzi. In Oriente il venditore orientale suole aprire le trattative chiedendo un prezzo che è due o più volte il valore reale della merce. Di conseguenza, ho risposto con una controfferta pari a un quarto dell'importo chiesto. Poco dopo, il mercante mi ha stupito esclamando: «Prendilo senza pagare, effendi!» – un invito che ovviamente non è da prendere sul serio. Quando il commerciante si mostra molto ostinato, il cliente a volte raggiunge un certo effetto facendo per andarsene, e anche noi ci siamo serviti di questo trucco. Poi, quando finalmente il cliente ha fatto la sua ultimissima offerta, il negoziante pronto ad accettarla spesso tiene a sottolineare la sua generosità: «Lo faccio soltanto per riguardo a te, effendi, io in questo affare ci rimetto». Ho dato ordine di portare il tappeto e il tavolo all'ufficio postale austriaco e di spedirli in patria. (*)

Konstantinopel, 16. Oktober 1899
Neuen Abenteuern entgegen

Addio Pera Palace, du hast deinem Namen alle Ehre gemacht.
Die Koffer sind uns schon zum Schiff vorausgeeilt, rasch Cook's Hotel- und Verköstigungsgutscheine abgegeben, reichlich Bakschisch. verteilt ans Hotelpersonal, dem Direktor die Hände geschüttelt – beehren Sie unser bescheidenes Haus bald wieder – und auf geht's mit dem Hotelomnibus zum Hafen, wo unser Lloyddampfer schon wartet.

Costantinopoli, 16 ottobre 1899
Verso nuove avventure

Addio Pera Palace, hai fatto onore al tuo nome. I bagagli ci hanno preceduto nel viaggio verso la nave. Noi ci affrettiamo a consegnare i nostri buoni per l'alloggio e il vitto, a distribuire lauti bakshish al personale dell'hotel e a stringere la mano al direttore: «Saremmo felici di riaverVi presto ospiti del nostro modesto albergo», e poi eccoci salire sull'omnibus dell'albergo e partire per il porto, dove ci attende il piroscafo del Lloyd.

Bakschisch war wohl das für Touristen im Orient am meisten gehörte und gefürchtete Wort. Es bedeutet die Forderung nach einem Almosen. Reiseführer empfahlen eindringlich, Zahlungen nur für erbrachte Leistungen zu leisten.

—•◆•—

Bakshish significa obolo. Probabilmente era la parola araba che ricorreva più spesso nei rapporti tra i turisti e la popolazione locale e anche la più temuta dai viaggiatori d'Oriente. Le guide turistiche consigliavano vivamente di non fare offerte in denaro se non in cambio di servizi.

Eine orientalische Kanne als Souvenir

Una brocca orientale come souvenir

An den Gestaden der Levante

In viaggio lungo le sponde del Levante

Galipoli, 16. Oktober 1899
Vorwärts!

Waren noch nie auf einem Schiff des Österreichischen Lloyd und sind beeindruckt von der »Euterpe«. Auch ihr Name ist glücklich gewählt, nach einer der Musen des Apoll: die Freudenspenderin. Unsere Monarchie ist bekanntlich keine ausgesprochene Seefahrernation, umso erstaunlicher ist, daß sie eine Schiffahrtsgesellschaft hervorgebracht hat, deren Dampfer sogar bis Indien, China und Japan fahren. Im östlichen Mittelmeer und an der türkischen Schwarzmeerküste ist der Lloyd trotz französischer, russischer, deutscher, ägyptischer und italienischer Konkurrenz unangefochten. Der Österreichische Lloyd wird seinem Wahlspruch »Vorwärts« bestens gerecht.

Levanteküste, 17. Oktober 1899
Haremsgespräche

Im bequemen Liegestuhl sitzen und Passagiere beobachten, ein echtes Gaudium! Dort eine Armenierin, die ihre orientalische Gewandung mit der neuesten Mode aus Paris vertauscht hat. Mehrere rote Feze irrlichtern auf dem Deck herum. Eine arrogante Engländerin sitzt steif und stumm neben ihrem ältlichen Gatten. Nicht weit davon lümmeln zwei Amerikaner, die beim Gähnen Gebisse enthüllen, die jeden Haifisch erbleichen ließen. Die interessanteste Begegnung hatten wir jedoch mit drei türkischen Frauen, die

Gallipoli, 16 ottobre 1899
Avanti!

Non eravamo mai saliti su una nave del Lloyd austriaco e siamo rimasti colpiti dall'Euterpe. Il nome dell'imbarcazione – da una delle muse di Apollo – è una scelta felice: significa, infatti, «colei che rallegra». La nostra, si sa, non è propriamente una nazione di grandi navigatori ed è tanto più sorprendente il fatto che sia riuscita a esprimere una compagnia di navigazione i cui piroscafi toccano addirittura l'India, la Cina e il Giappone. Nel Mediterraneo orientale e lungo le coste turche del Mar Nero, la posizione del Lloyd è indiscussa, nonostante la concorrenza dei francesi, dei russi, dei tedeschi, degli egiziani e degli italiani. Il Lloyd austriaco fa pienamente onore al suo motto «Avanti».

Costa del Levante, 17 ottobre 1899
Discorsi sull'harem

Osservare i passeggeri, comodamente adagiati su una sedia a sdraio: un vero piacere! Ecco una donna armena che ha smesso le vesti orientali per indossare l'ultimissima moda parigina. Vari fez rossi girovagano in coperta come fuochi fatui. Un'arrogante signora inglese siede immobile e muta accanto al consorte non più giovane. Non lontano, due americani stanno spaparanzati sulle loro sedie e ad ogni sbadiglio rivelano una dentatura che farebbe impallidire qualsiasi pescecane. Ma l'incontro più interessante è stato quello con tre signore turche che raramente si

Fahrplan des Levantedienstes des Österreichischen Lloyd

Orario del servizio di Levante del Lloyd austriaco

sich nur selten an Deck zeigten, bewacht von einem strengen Eunuchen. Sie gehörten zum Harem eines reichen Türken aus Smyrna. Einmal jedoch war die Gelegenheit günstig, da der strenge Sittenwächter in den Schlaf des Gerechten verfiel. Elvira sprach die drei Schönen französisch an. Anfänglich zögerlich war eine von ihnen bald in ein lebhaftes Gespräch mit uns verwickelt. Die Reise vor ein paar Jahren nach Kairo mit ihrem Herrn hätte ihr gezeigt, wie einsam sie zu Hause lebte, abgeschieden, stets verschleiert durch die Straßen fahrend, nur flüchtig das öffentliche Leben schauend. Sorglos durchs Luxusleben tändelnd, aber auch gelangweilt und ohne tiefere Anregung. Bei ihrer Erzählung blitzten mich zwei schöne, mandelförmige Augen, von schwarzen Wimpern beschattet, sehnsüchtig an, als wollten sie sagen: »Könnt ich doch mit euch ziehen in jene Länder, wo auch die Frau höhere Existenzberechtigung hat, wo sie nicht nur flattern, sondern auch fliegen darf.« Ob Elvira zu Hause wirklich so viel fliegt? Leider hatte der Eunuch bald ausgeschlafen und der Blick, den er mir zuwarf, ließ keinen Zweifel offen, daß ein Dolchstoß im Orient keine außergewöhnliche Sache ist. (*)

Der abgeschlossene Bereich eines islamischen Hauses, der den Frauen der Familie vorbehalten ist, wird als **Harem** bezeichnet. Die zumeist männlichen Phantasien der westlichen bürgerlichen Gesellschaft des 19. Jahrhunderts verbanden mit dem Harem Faszination, aber auch vielfach geheuchelte Abscheu. Dichter und Maler inspirierte der Ha-

facevano vedere sul ponte e che erano sorvegliate da un eunuco severo. Fanno parte dell'harem di un turco facoltoso di Smirne. Una volta però il loro sorvegliante stava dormendo il sonno del giusto e abbiamo colto l'occasione per avvicinarle. Quando Elvira si è rivolta a loro in francese, le donne dapprima hanno risposto timidamente, ma una di esse ben presto si è lasciata coinvolgere in una animata conversazione. Un viaggio al Cairo in compagnia del suo padrone, alcuni anni fa, ha detto la donna, le ha fatto capire la solitudine in cui viveva a casa sua, segregata, sempre indossando il velo per scendere in strada, riuscendo a cogliere soltanto qualche scorcio fuggevole della vita. Si gingillava spensieratamente in una vita fatta di agi, ma anche tediosa e senza ispirazione profonda. Mentre parlava, due begli occhi a mandorla adombrati da ciglia nerissime mi guardavano sfavillanti di desiderio, come se volessero dire: «Ah, se potessi viaggiare con voi verso quelle terre in cui anche la donna ha una ragion d'essere più alta, dove è permesso non solo di svolazzare ma di volare!» Sarà poi vero che Elvira vola tanto, in patria? Purtroppo, l'eunuco non ha tardato a svegliarsi e l'occhiata che mi ha lanciato non lasciava dubbi sul fatto che una pugnalata, in Oriente, non è affatto un evento eccezionale. (*)

È chiamato **harem** *lo spazio chiuso di una casa islamica riservato alle donne della famiglia. Le fantasie, per lo più maschili, della società occidentale borghese del XIX secolo associavano all'harem fascinazione da un lato e ribrezzo simulato dall'altro. A poeti e pittori l'harem ispirava rappresentazioni di una sensualità ebbra e*

rem zu Darstellungen rauschhafter, zuweilen grausamer Sinneswelten, zu phantasievollen Bildern aus tausendundeiner Nacht. Keiner der männlichen Künstler hatte allerdings jemals einen Harem betreten und die zeitgenössischen Beschreibungen weiblicher Reisender blieben weitgehend unbeachtet. Die Künstler blieben dabei, das verkaufsträchtige Thema »Harem« fast ausschließlich unter dem Aspekt der Erotik zu behandeln, wobei der entsexualisierten bürgerlichen Europäerin, die ausschließlich auf ihre Sexualität reduzierte Orientalin entgegengestellt wurde.
(Roswitha Gost, Der Harem, Köln 1994, S. 39)

Smyrna, 18. Oktober 1899
Fässer und Kisten

Gerade laufen wir in den belebten Hafen von Smyrna ein. Die Stadt wird von den Türken Izmir genannt. Hier leben etwa 210.000 Menschen, wobei die Griechen mit etwa einem Drittel die stärkste Nation bilden, gefolgt von Türken, Juden, Armeniern, Italienern, Franzosen und Engländern, zumeist maltesische Untertanen der englischen Krone. Der österreichische Konsul ist, wie er mir sagte, sehr stolz auf seine Kolonie von etwa 2.200 Österreichern. Sie spielen im Wirtschaftsleben eine bedeutende Rolle. Smyrna ist nach Konstantinopel der zweitwichtigste Hafen im Osmanischen Reich. Man sieht das auch gleich, in den Lagerhäusern und an der Mole türmen sich Fässer, Kisten und Säcke aus aller Herren Länder. Österreich-Ungarn lie-

talvolta crudele, fantasiose immagini da Mille e una notte. Ma in realtà nessuno di quegli artisti aveva mai messo piede in un harem e le descrizioni fatte dalle donne viaggiatrici che vi avevano avuto accesso furono per lo più ignorate, dato che i loro racconti non coincidevano con le fantasticherie dell'epoca. Dell'harem, soggetto altamente commerciabile, l'arte insisteva nel volersi occupare quasi esclusivamente sotto l'aspetto dell'erotismo, contrapponendo alla donna desessualizzata della borghesia europea quella orientale, ridotta al suo lato meramente sessuale.
(Roswitha Gost, «Der Harem», Colonia 1994, pag. 39)

Smirne, 18 ottobre 1899
Botti e casse

Stiamo entrando nell'animato porto di Smirne. La città, chiamata Izmir dai turchi, ha circa 210.000 abitanti: il gruppo etnico più consistente sono i greci, che rappresentano un terzo della popolazione, seguiti da turchi, ebrei, armeni, italiani, francesi e inglesi – questi ultimi sono per lo più sudditi maltesi della Corona inglese. Il console austriaco è orgoglioso della colonia austriaca che conta 2.200 persone circa e che ha un ruolo importante nella vita economica della città. Smirne è, dopo Costantinopoli, il secondo porto più importante dell'Impero ottomano e si vede subito: nei magazzini e sul molo sono ammucchiati botti, casse e sacchi provenienti da tutti i paesi del mondo. Dall'Austria-Ungheria arrivano soprattutto zucchero, tessuti, stoffe, fez, carta, legno, oggetti in metallo, caffè, vino, birra,

fert vor allem Zucker, Textilien, Stoffe, Feze, Papier, Holz, Metallwaren, Kaffee, Wein, Bier, Zündhölzer, Glas sowie Porzellan, von hier kommen Tabak, Rosinen, Nüsse, Feigen, Südfrüchte, Olivenöl, Gewürze, Opium, Sesam, Baumwolle, Seide, Teppiche und Felle.

Smyrna, noch immer 18. Oktober 1899
Ein Gastwirt aus Wien

Haben uns im Grand Hotel de la Ville eingemietet, das einem Wirt aus Wien gehört! Schon sein Jugendtraum sei der Orient gewesen. Er habe daher ein geerbtes Vorstadthaus verkauft und sich in Smyrna angesiedelt. Bereut habe er diesen Entschluß nie. Die Geschäfte gingen gut, bei ihm logierten viele Kaufleute und Touristen, insbesondere Reisegruppen von Cook und Stangen. Mit uns angekommen ist ein Altertumsforscher aus München, der die neuen Ausgrabungen in Ephesos besuchen will. Diese antike Stadt wird seit 1895 von österreichischen Archäologen freigelegt. Leider haben wir nicht die Zeit, ihn zu begleiten, er verspricht, uns eine Ansichtskarte von dort zu senden.

Smyrna, 19. Oktober 1899
Von Briefmarken und ausgerauften Barthaaren

Noch schnell vor der Abfahrt Briefe im österreichischen Postamt aufgegeben. Die Piaster-Briefmarken mit dem Konterfei von Kaiser

fiammiferi, vetri e porcellane, mentre si esportano verso l'Austria tabacchi, uva passa, noci, fichi, frutti esotici, olio d'oliva, spezie, oppio, sesamo, cotone, sete, tappeti e pellicce.

Smirne, sempre 18 ottobre 1899
Un albergatore viennese

Abbiamo preso alloggio al Grand Hotel de la Ville, di proprietà di un viennese! Il padrone dell'albergo ci ha raccontato che già da adolescente sognava l'Oriente. Perciò ha venduto un palazzo di periferia avuto in eredità e si è stabilito a Smirne, senza mai pentirsi di questa decisione. Gli affari, ha detto, vanno bene, nel suo albergo scendono molti commercianti e turisti, soprattutto comitive di Cook e Stangen. Assieme a noi è arrivato uno studioso di storia antica originario di Monaco di Baviera, che ha intenzione di visitare i siti archeologici a Efeso. È dal 1985 che un gruppo di archeologi austriaci sta lavorando agli scavi di Efeso. Purtroppo non abbiamo il tempo di accompagnarlo in quella città antica, ma ci ha promesso di mandarci una cartolina.

Smirne, 19 ottobre 1899
Francobolli e barbe strappate

Ho spedito alcune lettere dall'ufficio postale austriaco subito prima della partenza. I francobolli con i valori in piastre raffiguranti l'imperatore Francesco Giuseppe mi hanno fatto sentire un

Speisekarte aus Smyrna

Menu di un ristorante di Smirne

Aufgegeben im
k.k. Postamt Smyrna

*Spedito dall'imperialregio
ufficio postale di Smirne*

Piastermarke mit
Kaiser Franz Joseph (oben)
Piaster-Portomarke

*Francobollo con valore in piastre
raffigurante l'imperatore
Francesco Giuseppe (sopra);
francobollo con valore in piastre*

Franz Joseph lassen heimische Gefühle aufkommen. Der redegewandte Amtsleiter – er spricht neben deutsch auch italienisch, französisch und türkisch – erzählt von den ungeduldigen Volksaufläufen, wenn von den Lloydschiffen die Post gebracht wird. Das Postgebäude wird dann förmlich belagert, junge Burschen klammern sich an die Fenstergitter, schreien ins Amtslokal, wo die Beamten vollauf beschäftigt sind. Die ungeduldig auf Post wartende Volksmasse fängt zu heulen, zu lärmen, im Tempo zu klatschen, zu bellen, zu miauen an und flucht und schimpft schließlich in den gemeinsten Ausdrücken auf den Postdirektor und sein Personal. Wie ein angeschwollener Strom, der seine Dämme durchbricht, stürzen die wütenden Massen teils ins Postamt, teils an die äußeren Schalter. Nach etwa einer Dreiviertelstunde ist die Masse befriedigt und hat sich verlaufen. Auf dem Schlachtfeld aber liegen die Trümmer des ausgerungenen Kampfes: abgerissene Hosenknöpfe, Fetzen von Kleidungsstücken, ausgerauft Barthaare, Bluttropfen von zerschlagenen Nasenbeinen ... Andere Länder, andere Sitten! (*)

Der Österreichische Lloyd und die österreichischen Postämter vermittelten bis zum Ersten Weltkrieg am eindrucksvollsten die österreichische Präsenz in der Levante und an der Küste des Schwarzen Meeres. Im Laufe der Postgeschichte gab es im Osmanischen Reich sogar an 94 Orten Postämter, um 1900 waren es etwa 40. Ihre Existenz verdanken sie dem Mangel eines funktionierenden türki-

po' a casa. L'eloquente direttore dell'ufficio postale – oltre al tedesco, parla l'italiano, il francese e il turco – mi ha raccontato dei tumultuosi assembramenti che si verificano ogni qual volta vengono scaricati i sacchi della posta da una nave del Lloyd. L'ufficio postale è preso letteralmente d'assedio, vi sono giovanotti che si aggrappano alle inferriate e lanciano urla verso l'interno, dove gli impiegati si danno un gran daffare. La massa di gente che aspetta impazientemente lo smistamento della posta si mette a strillare, a rumoreggiare, a battere le mani ritmicamente, ad abbaiare e a miagolare e finisce per imprecare e lanciare i peggiori improperi contro il direttore delle Poste e il suo personale. Come un fiume in piena che rompe gli argini, le masse inferocite si precipitano in parte all'interno, in parte verso gli sportelli esterni. Dopo tre quarti d'ora, la folla si ritiene soddisfatta e si disperde. Ma sul campo di battaglia restano le tracce della lotta che si è appena conclusa: bottoni staccati, brandelli di vestiario, peli della barba strappati, macchie di sangue provocate dalla rottura di setti nasali ... Paese che vai, usanza che trovi! (*)

Fino alla Prima guerra mondiale il Lloyd austriaco e gli **uffici postali austriaci** *furono i testimoni più imponenti della presenza austriaca nel Levante e lungo le coste del Mar Nero. Nel corso della storia postale, le località dell'Impero ottomano in cui esisteva un ufficio postale austriaco arrivarono a essere 94, agli inizi del Novecento se ne contavano invece 40. L'esistenza di queste agenzie estere era dovuta alle deficienze delle Poste turche ma anche all'obiettivo delle grandi potenze occidentali di allargare la loro sfera d'in-*

schen Postwesens und dem Streben der westlichen Großmächte, ihren Einfluss auszuweiten. Neben der hoch angesehenen und am besten organisierten österreichischen Post gab es in der Levante noch russische, französische, deutsche, englische und italienische Postämter. Der wirtschaftliche Erfolg der österreichischen Postler lag auch in ihrer Vielsprachigkeit begründet. In den wenigen, aber bedeutenden ärarischen Postämtern der Levante verrichteten staatliche Postbeamte den Postdienst, in den übrigen entweder Lloyd- oder Konsularbedienstete. Ihr Status wechselte zuweilen, vereinzelt, beispielsweise in Smyrna, konkurrenzierten sich Ämter sogar. Ob es sich bei den Levantepostämtern um k.k. oder k.u.k. Einrichtungen handelte, war selbst unter Postfachleuten der Zeit strittig. Die ausländischen Postämter bestanden bis zum Ausbruch des Ersten Weltkrieges im Jahr 1914.

Auf hoher See, 20. Oktober 1899
Ein heruntergekommener Admiral

Gestern haben wir uns auf dem Dampfer »Nakhimoff« der Russischen Dampfschifffahrtsgesellschaft nach Beirut eingeschifft, da das nächste Lloyd-Schiff erst in sechs Tagen einlaufen wird. Ein erster Rundgang zeigte sofort, daß die österreichischen Schiffe wesentlich eleganter sind. Besonders die Gesellschaftsräume lassen sehr zu wünschen übrig. Der russische Admiral, nach dem das Schiff benannt ist, hat im Krimkrieg erfolg-

fluenza. Oltre alle Poste austriache, che godevano di ottima fama ed erano organizzate meglio, esistevano uffici postali russi, francesi, tedeschi, inglesi e italiani. Il successo economico di tale attività si spiega tra l'altro con il servizio plurilingue che gli uffici postali austriaci offrivano. Negli uffici postali demaniali, che erano pochi ma importanti, prestavano servizio impiegati dello Stato, negli altri uffici postali austriaci del Levante invece il lavoro era svolto da dipendenti del Lloyd o del consolato. Il loro status talvolta cambiava, e in alcuni casi, come per esempio a Smirne, gli uffici entravano in competizione tra loro. Se gli uffici postali austriaci del Levante fossero delle strutture imperialregie oppure imperiali e regie, era una questione su cui non si trovavano d'accordo neppure gli esperti dell'epoca. Queste agenzie estere delle Poste austriache esistettero fino allo scoppio della Prima guerra mondiale nel 1914.

In alto mare, 20 ottobre 1899
Un ammiraglio male in arnese

Poiché la prima nave del Lloyd arriverà soltanto fra sei giorni, ieri ci siamo imbarcati per Beirut sul piroscafo Nakhimoff *della Compagnia di navigazione russa. Un primo giro di ricognizione sul piroscafo ci ha fatto subito capire che le navi austriache sono di gran lunga più eleganti. Specialmente le sale pubbliche lasciano molto a desiderare. L'ammiraglio russo che ha dato il nome alla* Nakhimoff *combatté vittoriosamente contro i turchi nella Guerra di Crimea – il po-*

reich gegen die Türken gekämpft – er hätte sich ein stattlicheres Schiff verdient.

Auf hoher See, 21. Oktober 1899
Russische Seele

Das Zwischendeck bot uns jedoch Einsicht in echt slawisches Leben und Treiben. Wunderbare Gestalten von Russen aus allen Teilen des Zarenreiches, weißbärtige Männer, die Schirmmütze oder die schwere Pelzmütze auf dem Haupte, den russischen Kittel mit breitem Lederriemen festhaltend, die Füße und Beine in mächtigen Stiefeln. Daneben Frauen in schweren, umfangreichen Röcken, das russische Kopftuch als einzigen Schutz gegen die Strahlen der orientalischen Sonne. Wohin ziehen sie alle, begleitet von ihrem Popen, der sie immer und immer wieder, das Kreuz gen Himmel haltend, segnet? Nach Jerusalem! Nach dem Gelobten Lande, das zu erreichen diesen Gläubigen das höchste Lebensziel erscheint. (*)

Auf hoher See, 22. und 23. Oktober 1899
Dolce far niente

...

vero ammiraglio avrebbe meritato una nave più presentabile.

In alto mare, 21 ottobre 1899
L'anima russa

L'interponte ci ha però consentito di formarci un'idea della vita e del modo di fare degli slavi. Stupendi personaggi russi provenienti da ogni parte dell'impero dello zar, uomini dalla barba canuta, con il berretto a visiera o con il colbacco, il camicione russo legato in vita con una larga cinghia di pelle, piedi e le gambe coperti da stivali imponenti, affiancati da donne con le sottane pesanti e abbondanti, a proteggere la testa dai raggi del sole orientale soltanto un fazzoletto russo. Dove saranno diretti in compagnia del loro pope che li benedice in continuazione, levando in cielo la croce? Vanno a Gerusalemme! Raggiunger la Terra Santa sembra essere, per questi fedeli, il principale obiettivo nella vita. (*)

In alto mare, 22 e 23 ottobre 1899
Dolce far niente

...

Auf hoher See, 24. Oktober 1899
Von fremden Völkern

Köstlich, was in den Reiseführern über die unterschiedlichen Völkerschaften der Levante steht. Erstaunlich auch, wie viele verschiedene Menschen hier weitgehend friedlich zusammenleben. Das Osmanische Reich gleicht da ein wenig unserem Vielvölkerstaat.
Zum Beispiel ist über den Osmanen, wie der Türke bezeichnet wird, angeführt, daß er gutmütig und bieder, mutig und aufopferungsfähig ist. Er hat ein feines Gefühl für Recht und Sittlichkeit, ist gastfreundlich und zeichnet sich durch einen starken Familiensinn aus. Neben diesen guten Eigenschaften charakterisiert ihn aber auch ein unüberwindlicher Hang zum Müßiggang. Schlechter kommen da die Armenier weg, die sich zwar durch großen Erwerbssinn und Spekulationsgeist auszeichnen, aber auch durch Servilität, und krassen Eigennutz. Die Griechen, als die gebildetsten und intelligentesten unter den Völkern der Türkei, zeigen vielfach eine bedauerliche Gleichgültigkeit gegenüber den Vorschriften der Moral. Aus den unteren Klassen würde sich das eigentliche Gesindel und die Verbrecherwelt Konstantinopels rekrutieren. Die Israeliten sind in der Türkei nicht zu dem Wohlstand gelangt wie im Okzident, weil der Großhandel in den Händen der Griechen und Armenier liegt, mit denen sie nicht konkurrieren können. Viel Übles ist über die arabischen Christen im Orient verzeichnet, die vor Lug und Betrug nicht zurückschrecken, dabei aber im höchsten Grade bigott sind. Die

In alto mare, 24 ottobre 1899
Popoli stranieri

C'è da divertirsi a leggere ciò che le varie guide riferiscono sul conto delle diverse popolazioni del Levante. E c'è anche da stupirsi della grande varietà di uomini in grado di convivere in modo tutto sommato pacifico in queste terre. In questo senso, l'Impero ottomano assomiglia un po' al nostro stato multietnico.
Per esempio, degli ottomani – è così che sono chiamati i turchi – si dice che sono buoni e conformisti, coraggiosi e capaci di grandi sacrifici. Hanno inoltre un grande senso della giustizia e della moralità, sono ospitali e si distinguono per un forte senso della famiglia. Oltre che da queste qualità sono però anche caratterizzati da una invincibile inclinazione all'ozio. Se la cavano peggio gli armeni, che pur distinguendosi per un grande senso del guadagno e una grande capacità speculativa, si fanno notare anche per il loro servilismo e il loro carattere estremamente calcolatore. I greci, considerati i più colti e intelligenti tra i popoli della Turchia, mostrano spesso una incresciosa indifferenza alle leggi morali. A quanto pare, sono proprio i greci appartenenti alle classi sociali più povere a formare la teppa e gli ambienti malavitosi di Costantinopoli. Gli israeliti in Turchia hanno accumulato le ricchezze che hanno invece acquisito in Occidente, giacché il commercio all'ingrosso è controllato dai greci e dagli armeni, con i quali non possono competere. Si parla molto male dei cristiani arabi in Oriente, che sarebbero dei grandi imbroglioni e allo stesso tempo estremamente bigotti. I maroniti sono molto intelligenti e industriosi e

Drusin, Sheik, Hirte

Donna drusa, sceicco, pastore

Maroniten sind sehr intelligent und fleißig, aber auch unzuverlässig und von zweifelhafter Moralität. Die Kopten gelten für finster, heuchlerisch, den Drusen ist Gastfreundschaft und Blutrache heilig. Der sunnitische Araber wiederum gibt sich selbstbewußt und mutig, hat jedoch einen Hang zu unsittlichen Handlungen, ohne sich eines direkten Vergehens gegen das Verbot des Lügens und Betrügens schuldig zu machen. Den Fellachen ist es ihrer Arbeit und Genügsamkeit wegen zu danken, daß Ägypten immer noch einen Rest der alten Größe bewahrt hat. Die Levantiner schließlich sind intelligent und talentvoll, besitzen aber zumeist keine tiefere Bildung und einen bedenklichen Mangel an moralischen Grundsätzen. Sie nennen sich mit Vorliebe »Europäer«, obgleich sie in ihren Anschauungen ganz Orientalen sind.

Würde mich interessieren, ob die Reisehandbücher von Meyer über Italiener, Franzosen oder Engländer ähnliches zu sagen haben. (*)

Meyers Konversations-Lexikon 1897: »**Levante** (ital. Morgenland) im Allgemeinen die Europa zunächst gelegenen Teile Westasiens nebst der Türkei, Griechenland und Ägypten; im engeren Sinn die asiatische Küstenregion am Mittelmeer. **Levantiner** nennt man die in der Levante (im engeren Sinn) geborenen und erzogenen Abkömmlinge der Europäer, namentlich wenn sie von orientalischen Müttern abstammen. Da sie in der Regel die orientalischen und europäischen Sprachen gleich geläufig sprechen und mit den Verhältnissen des Orients genau vertraut sind, spielen sie in

tuttavia inaffidabili e di dubbia moralità. I copti sono considerati gente sinistra e ipocrita, ai drusi sono care l'ospitalità e la vendetta di sangue. L'arabo sunnita, a sua volta, si dà l'aria di essere sicuro di sè e coraggioso, ma tende a compiere atti immorali, senza tuttavia rendersi colpevole di una vera e propria violazione del divieto di ingannare il prossimo. All'opera e ai costumi frugali dei fellahin si deve il fatto che l'Egitto abbia conservato un poco della sua antica grandezza. I levantini, infine, sono intelligenti e ingegnosi, ma difettano per lo più di una cultura profonda e si nota in loro anche una preoccupante mancanza di principi morali. Hanno il vezzo di definirsi «europei», benché le loro vedute siano di natura del tutto orientale.

Sarebbe interessante vedere se le guide di Meyer esprimono giudizi analoghi su italiani, francesi e inglesi. (*)

Dall'enciclopedia Meyers Konversationslexikon *del 1897:* «**Levante** *(voce italiana): in generale, le parti dell'Asia occidentale più prossime all'Europa, più la Turchia, la Grecia e l'Egitto; in senso più stretto, la regione costiera dell'Asia che si affaccia sul Mediterraneo.* **I levantini** *sono i discendenti degli europei nati e cresciuti nel Levante (in senso stretto), specialmente quelli nati da madre orientale. Poiché i levantini solitamente padroneggiano tanto le lingue orientali quanto quelle europee e hanno piena dimestichezza con le caratteristiche dell'Oriente, essi svolgono un ruolo importante come mercanti e mediatori tra l'Oriente e l'Europa nelle città turche che vivono del commercio, ma spesso suscitano lamentele per la loro scarsa affidabilità e dubbia morali-*

den Handelsstädten der Türkei als Kaufleute und Vermittler zwischen Orient und Europa eine große Rolle, geben aber auch wegen ihrer geringen Zuverlässigkeit und zweifelhaften Moralität häufig Anlass zu Klagen.« Die schillernde, vielfältige und lebendige Welt der Levante gehört heute der Vergangenheit an. Die Griechen wurden nach dem Ersten Weltkrieg weitgehend vertrieben, Hunderttausende Armenier in den Jahrzehnten um 1900 ermordet, die Juden sind, vielfach erst in den fünfziger und sechziger Jahren des 20. Jahrhunderts, nach Israel ausgewandert. Auch die europäischen Eliten haben die Levantenländer weitgehend verlassen. Der Orient ist durch diesen Verlust an kultureller und religiöser Vielfalt jedenfalls ärmer geworden.

Beirut, 25. Oktober 1899
Quarantäne?

Der Kapitän der »Nakhimoff« teilte uns mit, daß wir nicht gleich an Land gehen dürften, der Besuch der Quarantänekommission sei abzuwarten. Sehr gründlich war die Kontrolle dann jedoch nicht: Der Regierungsarzt begnügte sich damit, die Passagiere des Zwischendecks sowie das Schiffspersonal mit herausgestreckter Zunge passieren zu lassen. Uns ersparte er diese Prozedur und hielt nur unsere Anzahl fest – kein Wunder, daß Cholera- und andere Bazillen im Orient fröhliche Urständ' feiern. Der Jubel war jedenfalls groß, als die gelbe Quarantäneflagge fiel, und wieder einmal wurde das Schiff von »Seeräu-

tà.» Lo splendore, la varietà e la vividezza del Levante appartengono oggi al passato. I greci furono in gran parte cacciati dopo la Prima guerra mondiale, centinaia di migliaia di armeni furono uccisi nei decenni a cavallo del 1900, e gli ebrei emigrarono in Israele, in gran parte negli anni 50 e 60 del XX secolo. Anche le élite europee hanno in larga misura abbandonato il Levante. Senza dubbio, il venir meno della varietà culturale e religiosa ha reso più povere queste terre.

Beirut, 25 ottobre 1899
In quarantena?

Il comandante della Nakhimoff *ci ha comunicato che non avremmo potuto sbarcare immediatamente dato che bisognava aspettare l'ispezione dei funzionari della quarantena. Il controllo però non è stato particolarmente accurato: l'ufficiale sanitario si è limitato a passare in rassegna i passeggeri dell'interponte nonché il personale della nave ordinando a tutti di mostrare la lingua. A noi è stata risparmiata tale procedura, il medico ha solamente annotato il numero dei passeggeri. Non c'è da meravigliarsi dunque che il bacillo colerico e altri batteri ritornino alla carica in Oriente. In ogni modo, la rimozione della bandiera gialla della quarantena è stata accolta*

Ein Brief nach Isphahan, aufgegeben im k.k. Postamt Beirut

Lettera per Isfahan, spedita dall'imperialregio ufficio postale di Beirut

bern« gestürmt, die sich unter viel Geschrei des Gepäcks bemächtigen, um es zu den Gasthöfen der Passagiere zu bringen. Unser Cook-Dragoman, so nennt man die Reiseführer im Orient, war jedoch sogleich zur Stelle, in den kräftigen Händen seiner Träger waren unsere Koffer jedenfalls in besseren Händen. Wir sind im Grand Hotel Bassoule untergebracht, einem der besten Häuser in der Levante, wie man mir sagte. (*)

Beirut, 26. Oktober 1899
Von Erzbischöfen und Patriarchen

Vormittags die Stadt besichtigt, sie ist sehr kosmopolitisch. In den verschiedenen Kirchen und Klöstern residieren ein maronitischer Erzbischof, ein griechisch-unierter Patriarch sowie ein griechisch-orthodoxer Bischof. Es gibt auch unzählige konfessionelle Schulen und sogar zwei Universitäten: die von den Jesuiten geführte katholische Université de St. Joseph und das von der Mission der Presbyterianer unterhaltene American Protestant College. Offenbar wird hier mit der Religion ordentlich Politik gemacht. Alle Nationen, vor allem Frankreich, versuchen mit Missionsstationen, Krankenhäusern und Schulen ihren Einfluß im Osmanischen Reich zu vergrößern. Die Monarchie unterhält in Beirut ein Generalkonsulat und natürlich ein Postamt, wo ich auch gleich meine Briefe und Ansichtskarten aufgegeben habe. Frühabends bei Madame Blaich zum Kegeln mit einem Handelsvertreter aus Köln und

con grande tripudio e ancora una volta la nave è stata arrembata da un branco di «pirati», che si sono rumorosamente appropriati dei bagagli dei passeggeri per portarli nelle rispettive locande. Ma il dragomanno della Cook, il nostro capocomitiva, non ha tardato a presentarsi e sapendo i nostri bagagli nelle mani robuste dei suoi portatori, ci siamo sentiti più tranquilli. Alloggiamo al Grand Hotel Bassoule, che mi è stato descritto come uno dei migliori alberghi del Levante. (*)

Beirut, 26 ottobre 1899
Arcivescovi e patriarchi

Stamani abbiamo visitato la città, in cui aleggia un'atmosfera cosmopolita. Nelle varie chiese e nei vari conventi risiedono un arcivescovo maronita, un patriarca dei cattolici greci nonché un vescovo greco-ortodosso. Vi sono inoltre innumerevoli scuole confessionali e persino due università: la Université de St. Joseph, cattolica, e l'American Protestant College gestito dai presbiteriani. A quanto pare, la religione qui viene abbondantemente usata per fare politica. Tutte le nazioni, prima fra tutte quella francese, si studiano di aumentare il proprio peso nell'Impero ottomano istituendo missioni, ospedali e scuole. L'Austria-Ungheria a Beirut possiede un consolato generale e naturalmente un ufficio postale da dove ho spedito le mie lettere e cartoline illustrate. Nel tardo pomeriggio mi sono recato da Madame Blaich a giocare ai birilli in compagnia di un rappresentante commerciale di Colonia e del professor L. della comitiva Stangen; entrambi hanno preso alloggio nel nostro albergo. Che

Professor L. von der Stangen-Reisegruppe, die alle in unserem Hotel logieren. Das ist ein Spaß, im fernen Orient eine Kegelbahn und dazu ein kühles böhmisches Pilsner! Leider ist die neue Schmalspureisenbahn nach Damaskus unterbrochen. Müssen daher morgen die Schnellpost benützen, es geht schon um vier Uhr morgens los.

Beirut, 27. Oktober 1899
Von Kutschern und Tempeln

Der Postwagen ist genau so konstruiert und eingerichtet, wie unsere alten gelben Reisekaleschen, groß, schwerfällig und recht bequem. Sechs Personen sitzen innerhalb, drei vorn, drei oben. Die hochthronenden Kutscher der Gesellschaft sind wahre Hünen, riesige Gestalten von kolossalen Körperkräften,

piacere trovare una pista dei birilli e in più una birra Pilsner della Boemia bella fresca così lontano da casa! Purtroppo la nuova linea ferroviaria a scartamento ridotto per Damasco è interrotta, ragion per cui domani dovremo prendere la diligenza celere. Si parte alle quattro del mattino!

Beirut, 27 ottobre 1899
Vetturini e templi

La diligenza è costruita esattamente allo stesso modo delle nostre vecchie carrozze gialle: è grande, massiccia e comoda. Sei persone viaggiano all'interno, tre davanti e tre di sopra. A cassetta, dei veri e propri giganti. I vetturini della società sono dotati di forza ciclopica, si vede che hanno l'incarico di mettere il proprio corpo al servizio

Kofferaufkleber des Hotels Palmyra mit Blick auf Baalbeks Tempel

Adesivo per valigia dell'albergo Palmyra con vista sul tempio di Baalbek

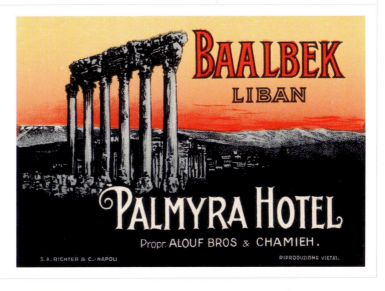

vermutlich wegen eines auf der Reise nötigen Einsatzes ihrer Person zum Schutze der Reisenden. Sie fahren wunderbar und sind von unglaublicher Rücksichtslosigkeit gegen alle begegnenden Fuhrwerke und Karawanen. Da der Postgesellschaft die Straße gehört, muß auf ein Trompetensignal des Postillons alles aus dem Weg. Die ganze Reise von Beirut bis Damaskus dauert mit zwölfmaligem Umspannen knapp dreizehn Stunden. Haben unsere Reise jedoch in Balbeck unterbrochen, um die römischen Ruinen zu sehen. Das Hotel Victoria liegt sehr hübsch, mit direktem Blick auf die kolossalen Tempel. Der Gastwirt rät uns von einem Besuch der berühmten Zedern des Libanon ab, da die Anreise sehr beschwerlich sei. Werden daher morgen gleich nach Damaskus weiterreisen. (*)

Damaskus, 28. Oktober 1899
Kuppeln und Minarette

Perle des Morgenlandes, Halsband der Schönheit, Auge der Wüste – einige der Kosenamen dieser orientalischen Metropole. Und in der Tat liegt die Oasenstadt wie eine Perle in den sie umgebenden Berg- und Wüstenlandschaften, umsäumt von einem »Halsband«, nämlich einem weitläufigen Obstbaumwald, vor dessen grünem Hintergrund die Kuppeln und Minarette von über 200 Moscheen, darunter die leider 1893 durch einen Brand schwer beschädigte Omajjaden-Moschee, wirkungsvoll zur Geltung kommen. Bei näherem Hinsehen jedoch enge, schmutzige Gassen, verfal-

dell'incolumità dei passeggeri durante il viaggio. Guidano a meraviglia e sono di una incredibile brutalità nei confronti dei carri e delle carovane che incontrano. Infatti, poiché la strada è di proprietà delle Poste, al suono della tromba del postiglione tutti si devono fare da parte. Il viaggio da Beirut a Damasco dura poco meno di tredici ore, calcolando dodici cambi dei cavalli, ma abbiamo interrotto la corsa a Baalbak per visitare le rovine romane. L'Hotel Victoria si trova in una posizione molto attraente, con vista sui templi colossali. Il proprietario dell'albergo ci sconsiglia di andare a vedere i famosi cedri del Libano perché arrivarci è molto disagevole. Dunque domani mattina ci rimetteremo in viaggio per Damasco. (*)

Damasco, 28 ottobre 1899
Cupole e minareti

Perla d'Oriente, collare di bellezza, occhio del deserto: sono soltanto alcuni degli epiteti inventati per questa metropoli orientale. Infatti la città-oasi è incastonata come una perla nel paesaggio montano e desertico ed è cinta da estesi frutteti; su questo sfondo verde si stagliano le cupole e i minareti di oltre 200 moschee, tra cui anche la moschea di Omayyade gravemente danneggiata da un incendio nel 1893. Vista da vicino, la città presenta però vicoli stretti e sporchi, palazzi in rovina, muri all'apparenza insuperabili che non lasciano immaginare neanche lontanamente lo splendore orientale spesso celato dietro il volto

Maria-Theresien-Taler

Tallero di Maria Teresa

lende Gebäude, abweisende Mauern, die nicht erahnen lassen, welche morgenländische Pracht hinter diesem abweisenden Äußeren oft verborgen ist. Hatten die Gelegenheit, das mehrere Höfe umschließende Haus eines reichen Christen zu besuchen und waren entzückt über die geschmackvolle Komposition aus Brunnen, Zierbäumchen, schattigen Terrassen, Kuppeln, Mosaikböden, persischen Teppichen, Schnitzwerk und Stuck. Wir nahmen auf seidenbezogenen Sofas Platz und bekamen Kaffee und eine Nargileh, wie die Wasserpfeife im Arabischen bezeichnet wird, angeboten. Bei so viel Luxus kann unser Hotel Victoria trotz aller Bemühungen seines dalmatinischen Wirtes, Pietro Paulitschke, nicht mithalten. So übel ist das Hotel allerdings nicht, logierte hier vor fünfzehn Jahren auch Kronprinz Rudolf und Erzherzog Franz Ferdinand.

scostante della città. Abbiamo avuto l'opportunità di visitare la casa di un ricco cristiano che comprendeva varie corti e siamo rimasti incantati dalla composizione di fontane, arbusti ornamentali, terrazzi ombreggiati, cupole, pavimenti a mosaico, tappeti persiani, sculture in legno e stucchi. Ci siamo accomodati sui divani rivestiti di seta e ci sono stati offerti il caffè e un narghilè. Un lusso con cui non può competere il nostro Hotel Victoria, nonostante l'impegno profuso dal suo proprietario dalmatico Pietro Paulitschke. Tuttavia, l'albergo non è poi pessimo: 15 anni fa vi hanno perfino alloggiato il principe ereditario Rodolfo e l'arciduca Francesco Ferdinando.

Damaskus, 29. Oktober 1899
Der Vater des Vogels

Damasco, 29 ottobre 1899
Il padre dell'uccello

Daß uns im Orient Kaiserin Maria Theresia begegnet, hätten wir auch nicht gedacht. Beim Streifzug durch den Basar stießen wir bei einem Juwelier auf eine intarsienverzierte Schatulle, in der eine kunstvoll gefaßte Münze verwahrt war. Bei näherem Hinsehen gewahrte ich das üppige Brustbild der Kaiserin auf einem Maria-Theresien-Taler. Der arabische Händler bezeichnete ihn als »Abu Teir« wörtlich Vater des Vogels, auch »Riyal nemsaoui« genannt. Er sei im Orient weit verbreitet und

Non ci saremmo mai aspettati di incontrare l'imperatrice Maria Teresa durante questo viaggio in Oriente. Girando per il bazar, in una gioielleria ci siamo imbattuti in uno scrignetto intarsiato in cui era custodita una moneta montata con arte. Guardandola da vicino ho scorto il busto prominente dell'imperatrice su un tallero di Maria Teresa. Il negoziante arabo lo ha definito un abu teir, che tradotto letteralmente significa «padre dell'uccello», chiamato anche riyal nemsaoui. Secondo il gioielliere, è molto diffuso in Oriente e

bei den Beduinen sehr beliebt – ich nehme an wegen des ansehnlichen Bildnisses. Haben uns im verführerischen Basar von Damaskus sehr zurückgehalten, lediglich ein Dolch mit Damaszener Klinge und Taschentücher aus Damast bereichern unser Reisegepäck.

Damaskus, 30. Oktober 1899
Durchgerüttelt

Heute fällt mir gar nichts mehr ein, bin noch ganz erschlagen von der langen Kutschenfahrt von Damaskus nach Beirut. War das eine staubige und holprige Angelegenheit!

Damaskus, 31. Oktober 1899
Nach dem Heiligen Lande

Die »Amphitrite« legt pünktlich in Beirut ab, wie man es von einem Dampfer des Österreichischen Lloyd gewohnt ist. Das Schiff ist nicht nur komfortabel, sondern macht auch einen seetüchtigen Eindruck. Das altniederländische Sprichwort »na Jaffa gaan«, was so viel wie »eine lebensgefährliche Reise antreten« bedeutet, sollte für uns daher nicht Geltung haben.

anche molto popolare presso i beduini – suppongo che ciò sia dovuto all'imponenza dell'effigie. Nell'affascinante bazar abbiamo contenuto la nostra voglia di fare acquisti: al nostro bagaglio si sono aggiunti soltanto un pugnale con la lama damascena e alcuni fazzoletti di damasco.

Damasco, 30 ottobre 1899
Balzi e sobbalzi

Oggi mi manca l'ispirazione, sono ancora stravolto dal lungo viaggio in diligenza da Damasco a Beirut. Un vero inferno di polvere e scossoni!

Beirut, 31 ottobre 1899
Verso la Terra Santa

A Beirut l'Amphitrite leva gli ormeggi in perfetto orario, come fanno di consuetudine i piroscafi del Lloyd austriaco. La nave non è soltanto confortevole ma ha tutta l'aria di saper tenere il mare. Dunque l'espressione dell'antico olandese na Jaffa gaan (andare a Giaffa), che significa «intraprendere un viaggio che può costare la vita», non dovrebbe fare al caso nostro.

A waiter „Ismaïl".

Mit Pilgerstab und Baedeker

Bastone da pellegrino e guida Baedeker

Jaffa, 1. November 1899
Doch »na Jaffa gan«?

Die »Amphitrite« liegt vor Jaffa auf Reede und angesichts hochgehender Wellen und der scharfkantigen Felsenriffe, die zwischen Schiff und Hafen liegen, gewinnt die Gültigkeit des altniederländischen Sprichwortes zunehmend an Gewicht. Elvira erinnert mich daran, daß unser Kaiser vor Jaffa fast ertrunken ist, was meine Zuversicht keineswegs stärkt. Auch fällt mir ein, daß Amphitrite, Gattin des Meeresgottes Poseidon, als »die Wellenspendende« bezeichnet wird, ein weiteres schlechtes Omen. Zu guter Letzt ist vor ein paar Wochen hier ein russischer Dampfer mit Pilgern an den Klippen zerschellt, nur ein schwarzer Rauchfang ragt noch aus dem Wasser. Es wurden nur wenige gerettet. Ich hoffe, die Ruderer mit ihren Nußschalen tun heute ihr Bestes.

Jerusalem, 2. November 1899
Die heilige Stadt

Endlich im Heiligen Land! Habe im österreichischen Postamt in Jaffa gleich Ansichtskarten aufgegeben. Dann eilen wir zum Bahnhof. Die von einer französischen Gesellschaft betriebene Schmalspurbahn von Jaffa nach Jerusalem brachte große Erleichterung für Pilger und Touristen. Eröffnet wurde sie im Jahr 1892. Doch auch die Einheimischen wissen diese Segnung der westlichen Technik wohl zu nutzen: Bereits auf der Fahrt wurden

Giaffa, 1° novembre 1899
Ci tocca «na Jaffa gan»?

L'Amphitrite è ormeggiata nella rada di Giaffa e il mare grosso e le scogliere spigolose tra la nave e il porto sembrano rivalutare il modo di dire olandese. Elvira mi ricorda che il nostro imperatore è quasi annegato al largo di Giaffa, il che non accresce la mia fede. Inoltre, mi sovvengo che Anfitrite, sposa del dio del mare Poseidone, è detta la «dispensatrice di onde»: un ulteriore elemento di cattivo augurio. A tutto ciò si aggiunge un altro fatto: alcune settimane fa un piroscafo russo carico di pellegrini si è sfracellato sugli scogli. Si scorge ancora la ciminiera nera che emerge dall'acqua. In pochi si sono salvati. Spero che i rematori nei gusci di noce facciano del loro meglio.

Gerusalemme, 2 novembre 1899
La Città Santa

Siamo finalmente arrivati in Terra Santa! Immediatamente dopo lo sbarco ho spedito delle cartoline dall'ufficio postale austriaco di Giaffa. Poi ci siamo recati di gran corriera alla stazione ferroviaria. La linea ferroviaria a scartamento ridotto tra Giaffa e Gerusalemme, inaugurata nel 1892 e gestita da una società francese, rende più semplice la vita a pellegrini e turisti, ma anche la popolazione locale mostra di saper sfruttare i benefici della tecnologia occidentale. Già duran-

Lloyddampfer »Amphitrite«

Piroscafo Amphitrite *del Lloyd austriaco*

wir von Keilern Jerusalemer Devotionalienhändler und Photographen förmlich belagert. An einigen Stationen bot man uns sogar böhmisches Bier an. Romantischer war es mit Sicherheit früher, als man sich mit einer Karawane den Mauern der Stadt näherte. Die durch die Dampflokomotive rußgeschwärzte Ankunft im kleinen Bahnhof ist hingegen kein angemessener Einzug. Jerusalem! Für Christen, Juden und Mohammedaner ein heiliger Ort – die Stätte, wo unser Heiland die Menschheit durch seinen Kreuzestod erlöste. Eine unerklärliche Unruhe befällt Elvira und mich. Durch ein hohes Stadttor, das von in Lumpen gehüllte Bettler und Krüppel bewacht wird, und verwinkelte, schmutzige Gassen biegt der Wagen schließlich in die Via Dolorosa ein. Direkt bei der dritten Kreuzwegstation liegt das österreichische Hospiz »Zur Heiligen Familie«. Hier werden wir die nächsten zwei Wochen wohnen.

Jerusalem, 3. November 1899
Ein Jahrmarkt auf Golgotha

Der erste Weg führt uns direkt zur Grabeskirche – doch welch herbe Enttäuschung! Statt erhabener Stimmung – ein Jahrmarkt. Alles wird auf dem Vorplatz der Kirche lautstark gehandelt: geschnitzte Kruzifixe, Heiligenbilder, falsche Reliquien, Wachskerzen, Rosenkränze und alle anderen Utensilien, ohne welche die gläubige Masse offenbar glaubt, daß ihr ein wesentliches Werkzeug zum Heil fehle. Wie Christus die Wechsler, sollte man

te il viaggio siamo stati letteralmente assediati da commercianti di devozionali e fotografi gerosolimitani. In alcune stazioni ci hanno persino offerto della birra boema. Senz'ombra di dubbio, il viaggio a Gerusalemme era più romantico in passato, quando ci si avvicinava alle mura della città in carovana. Viceversa, l'arrivo alla piccola stazione ferroviaria, con relativi sbuffi fuligginosi della locomotiva a vapore, non rappresenta un degno ingresso. Gerusalemme! Un luogo sacro ai cristiani, agli ebrei e ai maomettani – il luogo in cui il nostro Salvatore redense l'umanità morendo sulla croce. Io ed Elvira siamo invasi da un'inspiegabile irrequietezza. Passata un'alta porta della città, sorvegliata da cenciosi mendicanti e gente storpia, la carrozza percorre una serie di vicoli sudici e imbocca la Via Dolorosa. L'ospizio austriaco Zur Heiligen Familie, *dove alloggeremo le prossime due settimane, è situato proprio presso la terza stazione della* Via Crucis.

Gerusalemme, 3 novembre 1899
Una fiera sul Golgota

Anzitutto ci siamo recati alla chiesa del Santo Sepolcro, ma come siamo rimasti delusi! Invece di essere accolti da un'atmosfera solenne, ci siamo ritrovati in una specie di fiera. Sul selciato invaso dal trambusto, si vende di tutto: crocifissi intagliati, immagini sacre, reliquie contraffatte, ceri, rosari e tutti quegli altri utensili senza i quali evidentemente la grande massa dei fedeli non si sente sufficientemente attrezzata per raggiungere la salvezza. Si dovrebbero cacciare da

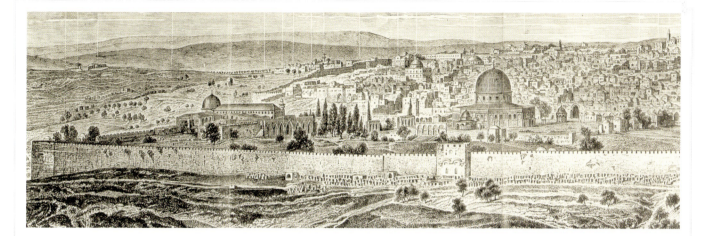

Panorama von Jerusalem

Panorama di Gerusalemme

diese widerlichen Geschäftemacher von der geweihten Stätte verjagen. Doch auch vielen Pilgern fehlt die nötige Andacht, vor allem den schismatischen Griechen. Gleich am Eingangstor wird man neuerlich bitter enttäuscht. Türkische Wächter müssen den Frieden an diesem geheiligten Ort der Christenheit schützen, da es zwischen Mönchen und Priestern der verschiedenen Konfessionen immer wieder zu Streitigkeiten, zuweilen zu blutigen Kämpfen kommt. Zu Recht steht geschrieben: »Mein Haus soll ein Bethaus heißen, und ihr habt eine Mördergrube daraus gemacht!« Unangenehm berührt haben uns auch die oft fanatischen Glaubensbekundungen russischer Pilger, der überladene Schmuck in der Kirche und die Unwürdigkeit mancher Gottesmänner, welche schamlos nach Spenden der Gläubigen gieren. Hier ist kein Ort der Kontemplation und der inneren Ruhe, beschämt verlassen wir die Stätte, wo unser Herr am Kreuze gelitten hat und wo er begraben lag. (*)

questo luogo benedetto gli affaristi ripugnanti, esattamente come fece Cristo con i mercanti. Ma anche tanti pellegrini mancano del raccoglimento necessario, soprattutto gli scismatici greci. Alla porta d'ingresso un'ulteriore amara delusione: dei custodi turchi sono incaricati di mantenere la pace in questo luogo sacro della cristianità, dato che tra i monaci e i sacerdoti delle varie confessioni continuano a verificarsi conflitti se non addirittura scontri violenti. Giustamente nella sacra scrittura si legge: «La mia casa sarà chiamata casa di preghiera, ma voi ne fate una spelonca di ladri». Ci siamo anche sentiti infastiditi dalle professioni di fede spesso fanatiche dei pellegrini russi, dalle decorazioni sfarzose del santuario e dalla mancanza di dignità di alcuni uomini di Dio sfacciatamente avidi delle donazioni dei fedeli. Questo non è un luogo di contemplazione o di pace interiore. Imbarazzati lasciamo il sito in cui il Signore soffrì sulla croce e in cui fu sepolto. (*)

Jerusalem, 4. November 1899
»Kriegerische und friedliche Pilgerung«

Unser Kaiser als König von Jerusalem, umgeben von geharnischten Kriegern, allen voran der babenbergische Kreuzfahrer Leopold V. Rechts halten Pilger in Trachten der Monarchie Andacht, darunter auch der Pilgeroberst Heinrich Himmel. Himmel – welch sprechender Name – hat die Volkspilgerfahrten aus der Monarchie »erfunden«. Der liebens-

Gerusalemme, 4 novembre 1899
«Pellegrini armati e pellegrini pacifici»

Il nostro imperatore rappresentato come re di Gerusalemme, circondato da guerrieri corazzati, primo fra tutti il crociato di Babenberg Leopoldo V. A destra alcuni pellegrini che indossano i costumi della monarchia, tra cui il «capitano» dei pellegrini Heinrich Himmel, sono raccolti in preghiera. Himmel (cielo) – un nome eloquente – è stato per così dire l'inventore dei pellegri-

Armbinde für Jerusalempilger des Brixner Palästina-Pilgervereins

Fascetta dell'associazione dei pellegrini brissinesi Palästina

würdige Rektor des Hospizes erklärte uns in der Kapelle des Österreichischen Hospizes das zum sechzigjährigen Regierungsjubiläum Kaiser Franz Josephs vom Brixner Palästina-Pilgerverein gestiftete prächtige Mosaik »Die kriegerische und friedliche Pilgerung Österreich-Ungarns nach dem heiligen Lande von ältesten Zeiten«. Im Zentrum Franz Joseph als König von Jerusalem, einer der vielen Titel, die der Kaiser führt. Aufrecht und mit erhobener Hand weist er auf das Ziel österreichischer Anstrengungen im Heiligen Lande, das von Mauern umgürtete Jerusalem.

Der Bau eines österreichisch-ungarischen Hospizes in Jerusalem stand im engen Zusammenhang mit der Wiedererrichtung des Generalkommissariates des Heiligen Landes im Jahr 1843. Dieses hatte seinen Sitz im Franziskanerkloster in Wien und sollte katholische Mission, Verpflegung und Seelsorge der aus der Monarchie stammenden Pilger übernehmen. Durch den Aufschwung der Wallfahrtsbewegung erwies sich das alte Hospiz des Ordens jedoch schon bald als zu klein. Auch lag die medizinische Versorgung der Pilger im Argen. Österreich-Ungarn erwog daher die Errichtung eines Spitals, später eines neuen Hospizes, was jedoch sofort den heftigen Widerstand des lateinischen Patriarchen hervorrief. Dieser sah dadurch das französische Protektorat über die Katholiken im Orient gefährdet. Nach Überwindung großer Schwierigkeiten und Überschreitung der veranschlagten Baukosten konnten das **österreichisch-ungarische Hospiz »Zur Heiligen**

naggi popolari austriaci. Il rettore dell'ospizio, un uomo molto affabile, ci ha illustrato lo splendido mosaico «I pellegrinaggi armati e pacifici dell'Austria-Ungheria verso la Terra Santa fin dai primi tempi» di cui l'associazione dei pellegrini brissinesi Palästina ha fatto omaggio alla cappella dell'ospizio, in occasione del sessantennale del regno dell'imperatore Francesco Giuseppe. Quest'ultimo ha una posizione prominente al centro del gruppo ed è ritratto in veste di re di Gerusalemme, uno dei tanti titoli che porta. Eretto e con la mano alzata, indica l'obiettivo dell'impegno austriaco in Terra Santa, ovvero la Gerusalemme cinta di mura.

La costruzione di un ospizio austroungarico a Gerusalmme è strettamente collegata alla re-istituzione del Commissariato generale della Terra Santa nel 1843. Tale commissariato aveva sede nel convento francescano di Vienna e fu incaricato di occuparsi della missione cattolica nonché dell'assistenza materiale e spirituale ai pellegrini austriaci. Vista la grande crescita del fenomeno dei pellegrinaggi, ben presto il vecchio ospizio dell'ordine risultò piccolo. Inoltre, l'assistenza medica ai pellegrini andava urgentemente migliorata. L'Austria-Ungheria prese dunque in considerazione la costruzione di un ospedale e successivamente di un ospizio nuovo, intenzione, quest'ultima, che incontrò subito l'opposizione del patriarca latino, il quale vedeva messa in discussione l'egida francese sui cattolici in Oriente. Superata una serie di notevoli difficoltà e oltrepassata la previsione di spesa, **l'ospizio austroungarico Zur Heiligen Familie** *con relativa cappella privata fu inaugurato il 19*

Familie« samt Privathauskapelle schließlich am 19. März 1863 eingeweiht werden. Patriarch Valegra hatte bis zuletzt versucht, das Projekt zu verhindern. Populär wurde das österreichische Pilgerhaus 1869, als Kaiser Franz Joseph hier für mehrere Tage Quartier bezog. Von nun an war es Pflicht jedes Jerusalempilgers aus der Monarchie, im österreichischen Hospiz abzusteigen. Zwischen 1863 und 1904 beherbergte das Pilgerhaus 10.027 Pilger. Österreich-Ungarn war die erste katholische Macht, die ein Pilgerhaus in Jerusalem errichtete. Heute ist das Pilgerhaus neben dem Sankt-Georgs-Kolleg in Istanbul eine der wenigen verbliebenen Repräsentanten österreichischer Präsenz im Orient.

Jerusalem, 5. November 1899
An der Klagemauer

Wunderbare Menschen-Studien kann man an der Klagemauer der Juden machen. Vor einer aus mächtigen Quadern aufgebauten, 48 m langen und 18 Meter hohen Mauer aus der Zeit des Herodes stehen die Juden und Jüdinnen aller Altersstufen, vom Kind bis zum Greis, um die Zerstörung ihres großen Tempels durch die Römer zu beklagen, zu beten und die Steine zu küssen. So ernst scheint ihnen die Sache allerdings zuweilen nicht zu sein, denn bei unserem Kommen wandte sich eine ganze Anzahl der Andächtigen ab, um den üblichen Bakschisch zu erbetteln, der hier offenbar eine noch größere Rolle spielt als in Konstantinopel. (*)

marzo 1863. Il patriarca Valegra aveva cercato fino all'ultimo di impedire la realizzazione del progetto. L'ostello dei pellegrini austriaci divenne popolare nel 1869, anno in cui l'imperatore Francesco Giuseppe vi soggiornò per alcuni giorni. Da quel momento, alloggiare all'ospizio austriaco era considerato un dovere di ogni pellegrino austriaco che si recasse a Gerusalemme. Tra il 1863 e il 1904 l'ospizio accolse 10.027 pellegrini. L'Austria-Ungheria fu la prima potenza cattolica ad aprire una casa per i propri pellegrini a Gerusalemme. Oggi l'ospizio è ormai una delle poche testimonianze rimaste della presenza austriaca in Oriente, accanto al Sankt-Georgs-Kolleg di Istanbul.

Gerusalemme, 5 novembre 1899
Al Muro del pianto

Il Muro del pianto degli ebrei offre un'occasione meravigliosa per studiare il genere umano. Davanti al muro lungo 48 metri e alto 18 metri, fatto di enormi blocchi e risalente all'epoca di Erode, ebrei ed ebree di ogni fascia di età, dal fanciullo all'anziano, si trovano per piangere la distruzione del loro grande tempio ad opera dei romani; pregano e baciano le pietre. Ma non sempre appaiono pienamente dediti a queste attività, infatti al nostro arrivo, parecchi devoti si sono voltati a guardarci e a mendicare il solito bakshish, *che evidentemente qui è ancora più ambito che a Costantinopoli. (*)*

Rabbiner
Rabbino

Erinnerungsalbum
Album di ricordi

Jerusalem, 6. November 1899
Im Felsendom

Durch endlose treppenartige Gassen führt der Weg nach dem Haram esch-Scherif, dem heiligen Bezirk, wo einst der jüdische Tempel stand. Auf der Terrasse steht heute achtunggebietend der Felsendom, auch Omarmoschee genannt. Im kuppelüberwölbten Inneren der heilige Fels. Hier soll nach dem Talmud der Brandopferaltar gestanden haben, nach jüdischer Überlieferung hat hier Abraham seinen Sohn Isaak geopfert. Von diesem Stein fuhr nach mohammedanischem Glauben der Prophet Mohammed auf seinem geflügelten Roß Burak zum Himmel auf. Ein alter Mohammedaner führte uns zu einem im Boden eingelassenen Jaspisstein. Dreißig Nägel soll Mohammed in diesen Stein geschlagen haben, von denen der Teufel schon 26 1/2 herausgezogen hat. Mit dem letzten Nagel gehe die Welt unter. Dieses nahe Ende könne, so versicherte der Alte mit ernster Miene hinausgezögert werden, wenn man auf den Stein ein Geldopfer legt. Je größer das Geldstück, desto mehr Anrecht habe man auch auf einen guten Platz im Paradiese. Was man doch alles für Geld haben kann. (*)

Jerusalem, 7. November 1899
Jordanwasser und k.u.k. Kriegsschiffe

Heute hat uns der österreichische Konsul J. empfangen. Bewacht wird das Konsulat von grimmig blickenden Kawassen, uniformier-

Gerusalemme, 6 novembre 1899
Nella Cupola della roccia

*È fatto di interminabili vicoli simili a scalinate il percorso che porta all'*Haram esh-Sherif*, il quartiere sacro dove in passato sorgeva il tempio ebraico. Oggi sul terrazzo si innalza l'imponente «Cupola della roccia» chiamata anche Moschea di Omar. All'interno, sotto la cupola, si trova la roccia sacra. Qui, secondo il Talmud, era posto l'altare degli olocausti, qui secondo la tradizione ebraica, Abramo sacrificò suo figlio Isacco. Da questa roccia, secondo la fede maomettana, il profeta Maometto assurse al cielo in groppa al suo cavallo alato Burak. Un vecchio maomettano ci ha condotto a un diaspro incassato nel pavimento. In quella pietra Maometto avrebbe piantato trenta chiodi, di cui il diavolo ne avrebbe già estratti 26 e mezzo. L'estrazione dell'ultimo chiodo significherà la fine del mondo. La distruzione universale, ci ha confidato con aria alquanto seria il vecchio, può essere allontanata posando un obolo sulla pietra. Più grande è la moneta, più grande è il diritto a un posto buono in paradiso. Incredibile cosa si riesca a ottenere con il denaro! (*)*

Gerusalemme, 7 novembre 1899
L'acqua del Giordano e le navi imperialregie

Oggi siamo stati ricevuti dal console austriaco J. Al consolato fanno la guardia arcigni qawwa *ovvero portieri vestiti con una fantasiosa unifor-*

Pilgerflasche für Jordanwasser
Borraccia usata dai pellegrini per trasportare l'acqua del Giordano

ten Amtsdienern. Sie tragen prächtige Kostüme und sind mit einem langen Säbel bewaffnet, dazu tragen sie noch ein ganzes Arsenal von Pistolen und Dolchen im Gürtel. Die Aufgaben eines Konsuls sind vielfältig, wobei man bei allerhöchsten Besuchen – zumeist Erzherzöge – zum »Mädchen für alles« mutiere. Zuweilen würden auch Spezialaufgaben an einen herangetragen, etwa die Besorgung von Jordanwasser für die Taufe von Habsburgersprößlingen in Wien. Erheblichen organisatorischen Aufwand bereiteten auch die politisch und diplomatisch wichtigen Abstecher von k.u.k. Kriegschiffen in der Levante. Dazu kommen noch Gauner und Landstreicher aus der Monarchie, die unter Ausnutzung der Mildtätigkeit von Klöstern und Konsuln versuchten, im wärmeren Heiligen Land zu überwintern. Jene müßten dann häufig in die Heimat zurückexpediert werden. Konsulate sind auch wichtige Anlaufstellen für Touristen. Dort bekommt man nützliche Informationen über Unterkünfte, Reiserouten oder Verkehrsverhältnisse, verläßliche Dragomane und Übersetzer. Hier bemüht man sich um Besichtigungserlaubnisse, die Kawassen des Konsulats dienen zuweilen als Eskorte bei heiklen Exkursionen. In Ermangelung einer Anschrift könne man sogar Briefe ans Konsulat adressieren lassen. Und im Bedarfsfall gewährt der Konsul vor allem Schutz. Verabschieden uns sehr beeindruckt, der Konsul ersucht, Grüße an einen gemeinsamen Bekannten, Sektionschef R., zu bestellen.

me. Questi personaggi indossano stupendi costumi e sono armati di una lunga sciabola, oltre che di un intero arsenale di pistole e pugnali infilati nella cintura. I consoli hanno una varietà di mansioni da svolgere e secondo quanto ci ha riferito il nostro ospite, in occasione di visite molto illustri – per lo più si tratta di arciduchi – essi diventano dei veri e propri factotum. Talora ricevono degli incarichi speciali, ad esempio quello di procurare dell'acqua del Giordano da usare per il battesimo di un rampollo degli Asburgo a Vienna. Anche far arrivare nel Levante le navi da guerra imperialregie, che sono importanti dal punto di vista sia politico che diplomatico, implica un notevole sforzo organizzativo. A tutto ciò si aggiungono lestofanti e vagabondi austriaci che, approfittandosi della misericordia di conventi e consoli, cercano di svernare nel clima mite della Terra Santa, e che spesso occorre rispedire a casa. I consolati sono inoltre importanti punti di riferimento per i turisti. Vi si ottengono informazioni utili circa alloggi, itinerari e condizioni di viaggio, dragomanni affidabili e traduttori e vi si fa richiesta di permessi per visite a luoghi speciali. I qawwa *del consolato si prestano talvolta a fare da scorta alle escursioni più rischiose. In mancanza di un proprio recapito, si può persino far mandare al consolato la propria corrispondenza. In caso di necessità, il console offre soprattutto protezione. Profondamente colpiti dal suo racconto salutiamo il console J., il quale ci prega di portare i suoi saluti ad un conoscente comune, il direttore di sezione R.

Konsulate standen im rauen Wettbewerb der Großmächte um Prestige und Einfluss im Orient an vorderster Front. Dabei spielten Protektorate eine zentrale Rolle. So nutzten etwa Russland und Frankreich ihrer Schutzherrschaft im Osmanischen Reich über die orthodoxe beziehungsweise katholische Kirche, um ihren Einfluss im Osmanischen Reich zu vergrößern. Österreich-Ungarn suchte durch mehrere Kultusprotektorate – etwa das von den Barmherzigen Brüdern der Grazer Provinz geführte Malteserhospital in Tantur – präsent zu sein. Die österreichische Kolonie in Jerusalem bestand – abgesehen von zwei bis drei Dutzend Christen – überwiegend aus galizischen, bukowinischen und ungarischen Juden, die sich freiwillig dem österreichisch-ungarischen Konsul unterstellten. Mit geschätzt 5.000 Mitgliedern war die österreichische Ausländergemeinde die weitaus größte in der Stadt. Auch das Mayer-Rothschild'sche Spital, die Lämelschule und andere Wohlfahrtseinrichtungen standen unter dem Schutz der Monarchie. Auf Grund von Verträgen (Kapitulationen) kam ausländischen Konsuln im Osmanischen Reich eine derart privilegierte Stellung zu, dass sich ein deutscher Konsul zur Bemerkung veranlasst sah, dass in Palästina nach Gott gleich die Konsuln kämen, denen die Bevölkerung mehr Achtung erwies als selbst dem Pascha. Das Konsularamt war auch eine Art Bezirkshauptmannschaft, Bezirksgericht und Sozialamt, das in Jerusalem zudem die Pilger aus der Monarchie betreute. Neben Repräsentationsaufgaben traten noch umfassende wirtschaftliche und poli-

Nell'aspra contesa tra le grandi potenze per conquistare prestigio e potere in Oriente, i **consolati** *erano in prima linea. I protettorati giocavano un ruolo centrale. Ad esempio, la Russia e la Francia usavano la loro egida sulle comunità rispettivamente ortodossa e cattolica per rafforzare la loro influenza sul Regno ottomano. L'Austria-Ungheria cercava di affermarsi attraverso vari protettorati religiosi, come l'Ospedale maltese a Tantur gestito dai Frati misericordiosi della provincia di Graz. Oltre che di due o tre decine di cristiani, la colonia austriaca a Gerusalemme si componeva principalmente di ebrei della Galizia, della Bukowina e dell'Ungheria, i quali si avvalevano per propria scelta del patrocinio del console austroungarico. La comunità austriaca, che contava approssimativamente 5.000 membri, era di gran lunga il gruppo straniero più grande in città. Anche l'Ospedale Mayer-Rothschild, la scuola Lämel e altri enti assistenziali erano posti sotto l'egida del console imperialregio. In base a speciali accordi (le cosiddette capitolazioni), i consoli stranieri in servizio nell'Impero ottomano godevano di una posizione talmente privilegiata che un diplomatico tedesco ebbe a dire che in Palestina, dopo Dio, i più potenti fossero i consoli, per i quali la popolazione proverebbe addirittura più rispetto che per i pascià. Il consolato svolgeva anche le funzioni di un distretto amministrativo e di una pretura e di un ufficio di pubblica assistenza per i propri sudditi. A Gerusalemme, inoltre, era responsabilità del console anche l'assistenza ai pellegrini austriaci. Oltre al compito di rappresentare il proprio paese, il console aveva il dovere di riferire al proprio governo su questioni politiche ed economiche. Ai consoli austriaci*

K.u.k. Generalkonsul Ludwig von Zepharovich

L'imperialregio console generale Ludwig von Zepharovich

K.u.k. Matrosen auf Besuch im österreichisch-ungarischen Hospiz

Marinai austriaci in visita all'ospizio austroungarico

tische Berichts- und Auskunftspflichten. An österreichische Konsuln wurden hohe Anforderungen gestellt. Ihre Ausbildung erhielten sie zumeist an der k.u.k. Konsularakademie. Gelehrt wurden dort Rechts- und Staatswissenschaft, Geschichte, Heereswesen, Wirtschaftsfächer, Warenkunde und nicht zuletzt Sprachen in der orientalischen Sektion neben Französisch, Italienisch und Englisch auch Türkisch sowie Grundkenntnisse des Arabischen und Persischen. Daneben erlernten die Zöglinge Tanzen, Fechten, Reiten, Schwimmen und englische Ballspiele wie Tennis und Hockey. Trotz zeitweiliger politischer Mißlichkeiten waren die österreichisch-ungarischen Konsuln im Orient geachtete und beliebte Vertreter ihrer Zunft.

si richiedevano notevoli capacità e prestazioni. Essi si formavano per lo più presso l'Imperialregia accademia consolare dove si insegnavano giurisprudenza, scienze politiche, storia, scienze militari, economia, merceologia e non ultime le lingue: nella sezione orientale, oltre al francese, all'italiano e all'inglese, si insegnavano anche il turco nonché nozioni di arabo e persiano. Inoltre, gli alunni imparavano a danzare, a tirare di scherma, a cavalcare, a nuotare e a giocare ai giochi con la palla di origine inglese come il tennis e l'hockey. Nonostante qualche temporanea avversità politica, i consoli austroungarici erano rispettati e ben visti.

Jerusalem, 8. November 1899
Jerusalemkreuz und Urkunde

Der Rektor des österreichischen Hospizes hat uns die Pilgerurkunden überreicht. Diese bestätigen, daß wir in den Fußstapfen so vieler Frommer nachgefolgt und unter Gottes Schutz am 2. November 1899 glücklich im österreichisch-ungarischen Pilgerhause angelangt sind, die heiligen Stätten im Geiste des Glaubens und der Liebe besucht und die heiligen Sakramente der Buße und des Altars andächtig empfangen haben. Gegen eine kleine Spende haben wir auch noch das von Papst Leo XIII. für Pilger gestiftete Jerusalemkreuz erhalten. Da dieses keine staatliche Auszeichnung ist, darf es öffentlich nur

Gerusalemme, 8 novembre 1899
La croce di Gerusalemme e il certificato del pellegrino

Il rettore dell'ospizio austriaco ci ha consegnato il documento che certifica il nostro pellegrinaggio. Esso conferma che seguendo le orme di tanti pii pellegrini, il 2 novembre 1899, con la protezione del Signore, siamo felicemente giunti all'ospizio austriaco, abbiamo visitato i luoghi sacri nello spirito della fede e dell'amore e abbiamo devotamente ricevuto i sacramenti della penitenza e dell'altare.

Abbiamo anche fatto una piccola donazione per avere la Croce di Gerusalemme, un'onorificenza istituita da Leone XIII. Poiché non si tratta di un'onorificenza dello Stato, non può essere

Jerusalemkreuz
Croce di Gerusalemme

Erinnerungsbuch
an eine Pilgerfahrt
*Libro commemorativo
di un pellegrinaggio*

in der Kirche und bei Pilgerversammlungen getragen werden.

Jerusalem, 9. November 1899
Wallfahrt und Hausfrieden

Im Gambrinus, einer von Deutschen und Österreichern gern besuchten Bierhalle nahe dem Jaffa-Tor, haben wir Landsleute aus Bozen getroffen. Eine kleine Gruppe von Pilgern, Männer und Frauen, die vergangenes Jahr gern mit der Tiroler Kaiserjubiläums-Volkswallfahrt ins Heilige Land gezogen wären. Allein, man ließ damals nur Männer zu, und ohne das Eheweib zu reisen, hätte den Hausfrieden empfindlich gestört. Ihre Reise hat nun das Reisebureau Schenker organisiert, wobei die Wallfahrt mit dem Brixner Palästina-Pilgerverein erheblich weniger gekostet hätte. Die Tiroler Pilger sind seinerzeit mit einem eigenen Zug nach Triest und dann mit einem den Pilgern vorbehaltenen Schiff des Österreichischen Lloyd übers Meer gereist. Sogar einen Pilgerchor und eine Blechmusik habe sie aufgestellt und eine Pilgermadonna wurde eigens geschnitzt. Die Türken haben insbesondere die Tiroler Tracht bestaunt. Trotz vieler warnender Stimmen sind alle Pilger wohlbehalten heimgekehrt und haben bei vielen Landsleuten den Wunsch geweckt, auch ins Heilige Land zu pilgern. Werde in Wien das Erinnerungsbuch der Tiroler Volkspilgerfahrt erwerben. Im Gambrinus fällt dem durstigen Pilger die Auswahl schwer, er kann wählen zwischen Jerusalembier, Triester Bier von Dreher, Grazer

portata pubblicamente se non in chiesa e nelle assemblee dei pellegrini.

Gerusalemme, 9 novembre 1899
Pellegrinaggi e pace domestica

Al Gambrinus, una birreria nei pressi della porta di Giaffa molto frequentata da tedeschi e austriaci, abbiamo incontrato un gruppo di compatrioti di Bolzano. Si trattava di uomini e donne che avrebbero voluto partecipare al pellegrinaggio popolare in Terra Santa organizzato l'anno scorso in Tirolo in occasione dell'anniversario dell'imperatore. Ma a quel pellegrinaggio erano ammessi soltanto gli uomini. Così per non turbare la pace domestica mettendosi in viaggio senza le consorti, i mariti hanno rinunciato a parteciparvi. Ora le coppie sono giunte a Gerusalemme con un viaggio organizzato dall'agenzia Schenker, ma il prezzo del pellegrinaggio sarebbe stato di gran lunga più vantaggioso se si fossero uniti all'associazione Palästina *dei pellegrini brissinesi. I partecipanti al pellegrinaggio tirolese hanno raggiunto con un treno speciale Trieste, dove si sono poi imbarcati su una nave del Lloyd austriaco riservata ai pellegrini. Da quel che si dice, si sono portati in viaggio persino un coro di pellegrini, una banda di ottoni e una Madonna dei pellegrini appositamente intagliata nel legno. Al loro sbarco in Oriente, i tirolesi hanno suscitato l'ammirazione dei turchi grazie ai loro costumi tradizionali. A dispetto delle voci che mettevano in guardia dai pericoli del viaggio, tutti i pellegrini sono tornati a casa sani e salvi e ciò ha suscitato in tanti tirolesi il desiderio*

Tiroler Jerusalem-Pilger-Lied.

Bier, Kärntner Bier, Münchner Bock-, Spaten- und Hackerbräubier. Haben uns für Grazer Bier entschieden und ordentlich – natürlich auch auf unseren Kaiser – angestoßen.

Vater der **Volkspilgerfahrten** ins Heilige Land war ein k.u.k. Oberst, der spätere Generalmajor **Heinrich Himmel von Agisburg**. Der Pilgeroberst bereiste 1884 Palästina und traf dort kaum Pilger aus der Monarchie. Er verfasste daher den Reiseführer »Eine Orientreise«, der zur Grundlage seiner künftigen Pilgeraktivitäten wurde. Sein Konzept war gekennzeichnet durch militärische Organisation, erschwingliche Kosten, eine Dauer von höchstens drei Wochen, günstige Reisezeit, Konzentration des Programms, eigene Pilgerschiffe und Sonderzüge, geistliche Betreuung während der Fahrt sowie eine Teilnehmerzahl von etwa 500 Pilgern, die allen gesellschaftlichen Schichten angehörten. Nach der erfolgreichen Männerpilgerfahrt 1898 wurden künftighin auch Frauen zugelassen. Als Reiseveranstalter der Volkswallfahrten rief der Pilgeroberst den **Palästina-Pilgerverein zu Brixen** ins Leben. Nach den beiden Jubiläumspilgerfahrten des Jahres 1898 – der ersten Tiroler-Vorarlberger und der Allgemeinen Österreichischen – folgten aus der Monarchie noch drei weitere Tiroler Volkspilgerzüge (zwei 1901 und einer 1906), drei oberösterreichische (1900, 1904 und 1910), zwei mährische (1905 und 1910), ein ruthenischer 1906, zwei galizische (1907 und 1909) ein steirischer 1908 und ein slowenischer 1910. Dem österreichischen Bei-

di seguire il loro esempio. Una volta tornato a Vienna, voglio comperarmi il libro pubblicato in ricordo del pellegrinaggio popolare tirolese. Al Gambrinus, il pellegrino assetato ha l'imbarazzo della scelta tra la birra di Gerusalemme, la birra triestina della Dreher, la birra di Graz, la birra della Carinzia, nonché la birra forte, la birra Spaten o la birra Hackerbräu di Monaco di Baviera. Abbiamo optato per la birra di Graz e ne abbiamo bevuto in quantità, non senza brindare alla salute del nostro Kaiser.

Il «padre» dei **pellegrinaggi popolari** *in Terra Santa fu l'imperialregio maggiore* **Heinrich Himmel von Agisburg**, *successivamente promosso a generale di brigata. Il futuro «capitano» dei pellegrini, essendosi recato in Palestina nel 1884 e avendovi incontrato pochissimi pellegrini austriaci, decise di redigere una guida dal titolo* Eine Orientreise, *la quale divenne poi la base delle sue attività a favore dei pellegrinaggi. Lo schema che Himmel proponeva era caratterizzato da organizzazione militaresca, prezzi accessibili, una durata massima di tre settimane, una stagione propizia, un programma concentrato, navi e treni speciali per pellegrini, assistenza spirituale durante il viaggio e un numero massimo di 500 partecipanti, appartenenti a tutti gli strati sociali. Dopo che il pellegrinaggio per soli uomini del 1898 fu andato a buon fine, furono ammesse anche le donne.* **L'associazione dei pellegrini brissinesi Palästina** *fu fondata dal «capitano» come tour operator dei pellegrinaggi popolari. Dopo i due pellegrinaggi commemorativi del 1898 – il primo per gli abitanti del Tirolo e del Vorarlberg, il secondo organizzato a livello*

Tiroler Jerusalem-Pilger-Lied

Canzone dei pellegrini tirolesi in viaggio verso Jerusalemme

Pilgeroberst Heinrich Himmel v. Agisburg

Il «capitano» dei pellegrini austriaci Heinrich Himmel v. Agisburg

Das k.k. Postamt in Jerusalem
L'imperialregio ufficio postale di Gerusalemme

spiel folgten mehrere Pilgerzüge aus Bayern, Württemberg und der Schweiz. Zwischen 1898 und dem Ersten Weltkrieg wurden etwa 20 Volkspilgerfahrten ins Heilige Land nach dem Tiroler Normalprogramm veranstaltet, an denen mehr als 10.000 Pilger aus deutschsprachigen Ländern teilnahmen.

nazionale – vi furono numerosi altri pellegrinaggi popolari: tre tirolesi (due nel 1901 e uno nel 1906), tre dell'Alta Austria (nel 1900, nel 1904 e nel 1910), due moravi (1905 e 1910), uno ruteno nel 1906, due galiziani (nel 1907 e nel 1909), uno della Stiria nel 1908 e uno sloveno nel 1910. Seguirono l'esempio austriaco la Baviera, il Württemberg e la Svizzera. Tra il 1898 e la Prima guerra mondiale, furono intrapresi una ventina di pellegrinaggi popolari in Terra Santa secondo il normale programma tirolese, cui parteciparono oltre 10.000 pellegrini di lingua tedesca.

Jerusalem, 10. November 1899
Für Onkel Ferdinand ansehnliche Grüße

Onkel Ferdinand hab ich gleich drei Ansichtskarten geschrieben, er hat sich solche aus dem Heiligen Lande erbeten. Eine vom Heiligen Grab, eine von Bethlehem mit dem Einzug der Pilger und eine von einem einheimischen Weibe aus Jericho. Eine hübsche Erscheinung, mit dem Tonkrug auf dem Haupt, kein Schleier verhüllt das schöne Gesicht und die feurig glänzenden Augen, die von dunklen Wimpern beschattet sind. Die wird ihm besonders gefallen. Hab' jeweils eine Karte im österreichischen, im französischen und im deutschen Postamt frankieren und abstempeln lassen. Das österreichische Postamt ist das stattlichste in Jerusalem, es liegt inmitten der Stadt. (*)

Gerusalemme, 10 novembre 1899
Allo zio Ferdinand, saluti ... belli da vedere

Facendo seguito a una sua specifica richiesta, ho mandato allo zio Ferdinand ben tre cartoline illustrate dalla Terra Santa. La prima è del Santo Sepolcro, la seconda mostra l'arrivo dei pellegrini a Betlemme e sulla terza è raffigurata una donna di Gerico, di bell'aspetto, che regge sulla testa un vaso di terracotta. La donna non porta il velo e nel suo volto spiccano gli occhi dallo sguardo di fuoco, ombreggiati da ciglia scure. Penso che quest'ultima cartolina gli sarà particolarmente gradita. Ho fatto affrancare e timbrare ognuna delle cartoline in un ufficio postale diverso, una in quello austriaco, una in quello francese e una in quello tedesco. L'ufficio postale austriaco è il più imponente di Gerusalemme, si trova proprio nel centro della città. (*)

Jerusalem, 11. November 1899
Abenteuerreisen

Habe mich bei J. Rieske & Co, der »Ersten deutschen Reiseunternehmung«, wie sich das Reisebüro selbst bezeichnet, nach Reisemöglichkeiten im Heiligen Land erkundigt. Da es hier noch weitgehend an bequemen Gasthöfen und Fahrgelegenheiten mangelt, ist man genötigt, mit Pferd und Zelt zu reisen. Herr Rieske versicherte mir jedoch, daß die Zelteinrichtungen, welcher man sich zum Nachtlager bediene, jetzt so sehr vervollkommnet sind, daß es in denselben beinahe an nichts fehlt, was man in den Hotels großer Städte findet. Die Köche würden mit ihrer einfachen Kücheneinrichtung fast Unglaubliches leisten und selten verläßt ein Reisender Palästina, der nicht diesem Institut seine volle Anerkennung gezollt habe. Elvira erkundigt sich, ob es auch Badezelte gäbe, was Herr Rieske bedauernd verneinen mußte.

Jerusalem, 12. November 1899
Pilgerandenken

Einen halben Koffer voller Andenken aus dem Heiligen Land müssen wir mitbringen. Elvira hat die vielen Wünsche gesammelt: geweihte Olivenzweige, Jordanwasser, aus Olivenholz geschnitzte Kreuze, auf Bilder und Ansichtskarten geklebte getrocknete Blumen, die von den Zionsschwestern und im syrischen Waisenhaus hergestellt werden. Dazu habe ich noch ein Fotoalbum mit einem Olivenholz-

Gerusalemme, 11 novembre 1899
Viaggi avventurosi

All'agenzia J. Rieske & Co., che si autodefinisce «la prima impresa di viaggi tedesca», ho chiesto informazioni sulle possibilità di viaggiare la Terra Santa. Poiché questa terra è ancora povera di locande confortevoli e mezzi di spostamento, il viaggiatore si vede costretto a ricorrere al cavallo e alla tenda. Il signor Rieske mi ha tuttavia assicurato che le tende usate per gli accampamenti notturni oramai sono talmente ben attrezzate da non far mancare al viaggiatore quasi nulla di quello che si può trovare solitamente negli alberghi delle grandi città. Nonostante il loro equipaggiamento sia piuttosto rudimentale, i cuochi riescono a fare dei veri miracoli gastronomici e raramente un viaggiatore lascia la Palestina senza rendere merito a questa agenzia. Elvira ha chiesto se esista anche una tenda per il bagno, domanda a cui il signor Rieske, rammaricato ha risposto di no.

Gerusalemme, 12 novembre 1899
Ricordi del pellegrinaggio

I ricordi della Terra Santa che dovremo portare a casa occuperanno la metà di una valigia. Elvira si è occupata di trovare i vari oggetti che ci sono stati richiesti: ramoscelli d'ulivo benedetti, acqua del Giordano, crocifissi intagliati nel legno di ulivo, disegni e cartoline illustrate abbelliti con fiori secchi – un lavoro a cui si dedicano le suore di Sion dell'orfanotrofio siriano. In più, io ho comprato un album per le fotografie con copertina

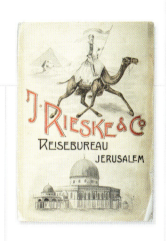

Programm des Reisebüros J. Rieske & Co.

Programma dell'agenzia J. Rieske & Co.

Heiligenbildchen
Santino

deckel und Elvira einen Rosenkranz gekauft. Die Jerusalemer Händler sind geschäftstüchtig und ausdauernd, kein Kauf ohne endloses Gefeilsche!

Jerusalem, 13. November 1899
Melange und Bösendorfer

Es ist ein angenehmes Gefühl, nach dem Trubel der orientalischen Stadt in die beschaulichen Räume unseres Hospizes »Zur Heiligen Familie« heimzukehren. Heute ist zudem ein besonderer Tag: Es gibt Apfelstrudel zum Nachtisch, dazu einen Verlängerten schwarz, für Elvira eine Melange – jetzt fehlen nur noch Journale aus Wien, und das Kaffeehausambiente in Jerusalem wäre perfekt. Haben nach dem Essen vierhändig Schubert und Mozart gespielt, der Bösendorfer im Salon ist vorzüglich.

Jerusalem, 14. November 1899
Menschengetümmel

Mit der Schmalspurbahn geht es zurück nach Jaffa. Hoffe, man hat unser ganzes Gepäck verladen, das Menschengetümmel am Bahnhof war groß. Doch auf das Reisebüro Cook & Son ist immer Verlaß.

in legno di ulivo e Elvira un rosario. I mercanti di Gerusalemme sono abili negli affari e non si stancano mai di trattare: qui non esiste acquisto senza la solita interminabile negoziazione.

Gerusalemme, 13 novembre 1899
Melange e Bösendorfer

È piacevole sfuggire al trambusto della città orientale tornando nelle quiete stanze dell'ospizio Zur Heiligen Familie. *Oggi, oltretutto, è una giornata speciale: come dessert ci hanno servito uno strudel di mele accompagnato da un caffè lungo per me e una Melange per Elvira – a completare l'atmosfera da* Kaffeehaus *viennese mancava soltanto qualche rivista austriaca. Dopo pranzo abbiamo suonato Schubert e Mozart a quattro mani sull'eccellente pianoforte Bösendorfer del salone.*

Gerusalemme, 14 novembre 1899
Baraonda

Torniamo a Giaffa con la ferrovia a scartamento ridotto. Spero che abbiano caricato sul treno tutti i nostri bagagli – vista la baraonda alla stazione, qualche collo potrebbe essere andato perso. Ma dell'agenzia Cook & Son c'è da fidarsi.

Im Lande der Pharaonen

Nella terra dei faraoni

Mit »Poseidon« auf hoher See, 15. November 1899
Der Meeresgott sei uns gnädig

Unsere Furcht vor der Einschiffung in Jaffa war gottlob vergebens. Der freundlich gestimmte Meeresgott gewährte uns wahrscheinlich auch deshalb eine ruhige Fahrt durch die gefährlichen Klippen, da der wartende Dampfer auf seinen Namen getauft ist. Erschöpft von den Eindrücken im Heiligen Lande hätten wir uns auf der bequemen »Poseidon« des Österreichischen Lloyd eigentlich ein paar Rasttage wohl verdient. Aber schon morgen werden wir in Port Said unseren Fuß ins herbeigesehnte Land der Pharaonen setzen.

Port Said, 16. November 1899
Quai Kaiser Franz Joseph

Port Said verdankt seine Existenz dem Suezkanal und liegt an dessen Einfahrt. Ungerechterweise hat man an der Mole nur dem Franzosen Ferdinand de Lesseps ein Denkmal gesetzt und nicht auch dem eigentlichen Planer der Wasserstraße. Selbst Kaiser Franz Joseph hat anläßlich der Einweihung des Suezkanals im Jahre 1869 den Namen des Welschtirolers Luigi Negrelli nicht einmal erwähnt. Die Eröffnungsfeierlichkeiten haben seinerzeit ein Vermögen gekostet, zum Bankett in Ismailia waren 4.000 Personen geladen. Wenigstens der Quai von Port Said sollte daher nach Negrelli benannt wer-

Con la Poseidone in alto mare, 15 novembre 1899
Che il dio dei mari ci aiuti!

Fortunatamente i nostri timori circa l'imbarco a Giaffa si sono rivelati infondati. Il dio dei mari era bendisposto e ci ha concesso un viaggio tranquillo tra gli scogli pericolosi, probabilmente a captare la sua benevolenza è stato il nome della nave che ci attendeva al largo, che porta il suo nome. Spossati dalle tante impressioni raccolte in Terra Santa, ci saremmo meritati qualche giorno di riposo sulla confortevole nave a vapore Poseidone del Lloyd austriaco, ma già domani arriveremo a Port Said per mettere piede nella tanto agognata terra dei faraoni.

Port Said, 16 novembre 1899
Quai Empereur François Joseph

Port Said è situata all'imbocco del Canale di Suez, cui la città deve la sua esistenza. Sul molo un monumento commemora solamente il francese Ferdinand de Lesseps; una vera ingiustizia nei confronti del vero progettista dell'idrovia Luigi Negrelli. Nemmeno l'imperatore Francesco Giuseppe ha citato il nome dell'ingegnere trentino all'inaugurazione del Canale di Suez nel 1869. La cerimonia di inaugurazione è costata una vera e propria fortuna: soltanto al banchetto a Ismailia hanno partecipato 4.000 persone. Secondo me, almeno la banchina di Port Said dovrebbe essere intitolata a Negrelli, anche se naturalmente siamo orgogliosi che essa porti il

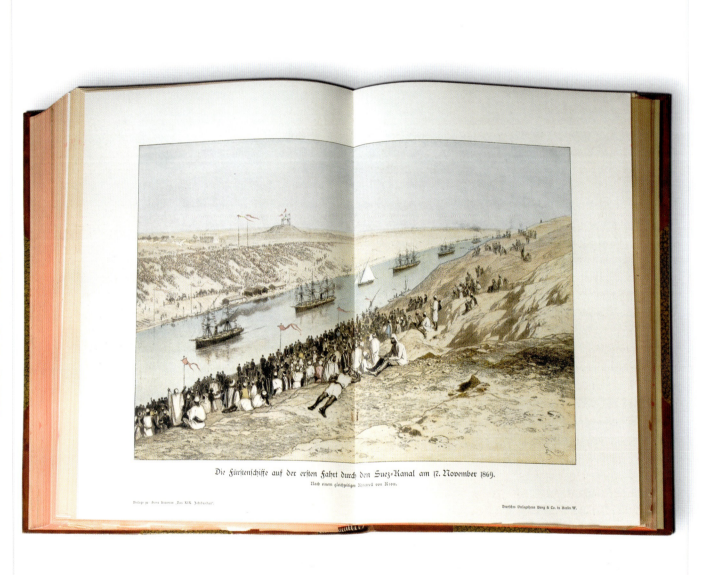

Eröffnung des Suez-Kanals
Inaugurazione del Canale di Suez

den – wiewohl wir natürlich stolz darauf sind, daß er den Namen »Quai Kaiser Franz Joseph« trägt. Außer aufdringlichen Händlern und dem pompösen Verwaltungsgebäude der Suezkanal-Gesellschaft gibt es hier nichts weiter zu berichten.

Pläne für eine Verbindung von Mittelmeer und Rotem Meer gab es schon in pharaonischer Zeit, doch erst im 19. Jahrhundert machte man sich ernsthaft Gedanken, einen solchen Kanal auch zu bauen. 1846 gründete der Franzose **Ferdinand de Lesseps** eine Studiengesellschaft, der auch der am 23. Jänner 1799 in Fiera di Primiero im Trentino geborene **Luigi Negrelli** angehörte. Der Trentiner hatte sich zuvor als Eisenbahningenieur in Österreich und der Schweiz bewährt und wurde vom Kaiser geadelt. Luigi Negrelli erkannte als erster, dass die 160 km lange Wasserstraße ohne Schleusen gebaut werden kann und zeichnete die Pläne für das **Suezkanal**-Projekt. Der Khedive ernannte ihn 1857 zum Generalinspekteur der Kanalbauten. Negrelli verstarb jedoch schon am 1. Oktober 1858. Dies machte sich Ferdinand de Lesseps zunutze, er besorgte sich die Pläne von Negrellis Witwe und gründete eine Errichtungsgesellschaft. Die technischen Probleme während des zehnjährigen Baus des Kanals in der lebensfeindlichen Wüste waren gewaltig. 25.000 Ägypter schufteten bis zur Erschöpfung am Kanal, der am 17. November 1869 in Anwesenheit von Kaiser Franz Joseph und der französischen Kaiserin Eugenie eröffnet wurde. Anfangs ein wirtschaftliches Desaster,

nome Quai Empereur François Joseph. A parte i venditori invadenti e il pomposo palazzo sede dell'amministrazione della Società del Canale di Suez, in questo luogo non vedo nulla che sia degno di nota.

Già all'epoca dei faraoni esistevano progetti per un collegamento tra Mediterraneo e Mar Rosso, ma soltanto nel XIX secolo si cominciò a pensare seriamente alla costruzione di un canale. Nel 1846 il francese **Ferdinand de Lesseps** *fondò una società di studi cui aderì anche Luigi Negrelli nato a Fiera di Primiero, in Trentino, il 23 gennaio 1799. Il trentino Negrelli si era già distinto come ingegnere ferroviario in Austria e in Svizzera ed era stato nobilitato dall'imperatore.* **Luigi Negrelli** *fu il primo a capire che l'idrovia lunga 160 chilometri potesse essere costruita senza cateratte e si mise a disegnare il progetto dell'opera. Il kedivè – così era chiamato il sovrano d'Egitto – nel 1857 lo nominò ispettore generale della costruzione del canale. Ma Negrelli morì il 1° ottobre 1858 e Lesseps, approfittando della sua prematura scomparsa, si fece consegnare il progetto dalla vedova Negrelli e fondò una società di costruzione. Durante i lavori di realizzazione del canale durati 10 anni, tra le avversità del deserto, si dovettero superare enormi problemi tecnici. Circa 25.000 operai egiziani lavorarono fino allo sfinimento alla realizzazione del canale, ufficialmente aperto il 17 novembre 1869 in presenza dell'imperatore Francesco Giuseppe e dell'imperatrice francese Eugénie. Inizialmente un fiasco economico, nel 1874 il* **Canale di Suez** *iniziò a rendere alla società di gestione cospicui*

Luigi Negrelli, der Planer des Suez-Kanals

Luigi Negrelli, progettista del Canale di Suez

Nur die »bessere Gesellschaft« konnte sich Orientreisen leisten

Solo l'alta società si poteva permettere i viaggi in Oriente

erwirtschaftete die Suezkanal-Aktiengesellschaft ab 1874 zunehmend stolze Gewinne. Das für Österreich vorgesehene Aktienpaket wurde erstaunlicherweise nicht gezeichnet. 1875 nützten die Engländer die Zahlungsunfähigkeit des Khediven und erwarben die von Ägypten gehaltenen Suezkanal-Aktien. Sie vergrößerten damit ihren politischen Einfluss in Ägypten zu Lasten Frankreichs. Der Suezkanal war von Anfang an für Schifffahrt und Welthandel von höchster Bedeutung, da er die Fahrtstrecke zwischen Europa und dem fernen Osten wesentlich verkürzte.

Auf hoher See, 17. November 1899
Per Post

Mit einem ägyptischen Postdampfer geht's ab nach Alexandria. Bei Herodot hab ich gelesen, daß das Land der Pharaonen schon immer Anziehungspunkt für fremde Besucher war. Daran scheint sich nichts geändert zu haben, betrachtet man die Touristenhorden, die sich auf unserem Schiff tummeln. Scheinbar gehört es zum guten Ton, in Ägypten gewesen zu sein. In der letzten Saison sollen von Anfang November bis Ende April mehr als 50.000 Reisende das Land am Nil besucht haben – leider ist die ganze Exklusivität dahin.

utili. Sorprendentemente, il pacchetto di azioni previsto per gli investitori austriaci non trovò acquirenti. Nel 1875 gli inglesi approfittarono dell'insolvenza del kedivè per rilevare le azioni del Canale di Suez che si trovavano in mano egiziana, aumentando in questo modo il loro peso politico in quella terra a discapito della Francia. Fin dall'inizio, il Canale di Suez fu di massima importanza per la navigazione e per il commercio mondiale, dato che accorciava notevolmente i viaggi tra l'Europa e l'Estremo Oriente.

In alto mare, 17 novembre 1899
Per posta

Siamo partiti alla volta di Alessandria a bordo di un piroscafo delle Poste egiziane. Erodoto riferisce che la terra dei faraoni da sempre attrae visitatori stranieri di ogni specie e le cose non sembrano essere cambiate, a giudicare dalle orde di turisti che si aggirano sulla nave. A quanto pare, visitare l'Egitto è considerata una questione di bon ton. Dicono che nella scorsa stagione, tra gli inizi di novembre e la fine di aprile, più di 50.000 viaggiatori abbiano visitato la terra sul Nilo. Disgraziatamente, questo genere di viaggio ha perso qualsiasi pretesa di esclusività.

Alexandria, 18. November 1899
Dienstmänner

Ein Leuchtturm, ein langgestreckter, die glitzernde Meeresfläche nur wenig überragender gelber Landstreifen – so präsentiert sich das Land der Pharaonen dem enttäuschten Auge. Mit Hilfe eines Lotsen fährt das Schiff durch gefährliche Klippen in den belebten Hafen. Dort die übliche Prozedur. Kaum hat das Schiff festgemacht, stürmt eine aufgeregte Menge von Dolmetschern, Unterhändlern, Portiers der verschiedenen Hotels, Kommissären aller möglicher Agenturen das Deck. Es kostet Mühe, seine Sachen zusammenzuhalten, jeder der Träger versucht, wenigstens mit einem Gepäckstück nach dem Zollhaus zu eilen. Mit Hilfe von Cooks Dragoman und seinen Dienstmännern, die allesamt eng anliegende rote Jacken tragen, auf denen mit weißen Buchstaben »Thos. Cook & Son« aufgenäht ist, löste sich wenigstens unsere Konfusion bald auf. Die Zollabfertigung war rasch beendet, bei der Paßrevision genügte die Abgabe einer Visitenkarte. Ein Wagen brachte uns geradewegs zum Hotel Khedivial.

Alexandria, 19. November 1899
Von Bankiers und Spekulanten

Von kaum einer Stadt besitzen wir so viele geschichtliche Nachrichten und so wenige erkennbare Überreste. Die Bedeutung von Alexandria liege heute im Handel, meint der Direktor der österreichisch-ungarischen

Alessandria d'Egitto, 18 novembre 1899
Facchini

Un faro e una lingua di terra gialla che affiora appena dalla luccicante superficie del mare: così si presenta la terra dei faraoni all'occhio del viaggiatore deluso. Con l'aiuto di un pilota, la nave si insinua tra gli scogli minacciosi per raggiungere il porto affollato di gente, dove ci aspetta la solita procedura. Appena la nave ha attraccato, un esercito brulicante di interpreti, intermediari, portieri d'albergo e commissari d'agenzia invade il ponte. Riusciamo a stento a tenerci strette le nostre cose. Infatti, ciascun portatore cerca di strapparci almeno un bagaglio per portarlo alla casa doganale. Ma grazie al dragomanno della Cook e ai suoi fattorini, che indossano aderenti giacche rosse con la scritta bianca «Thos. Cook & Son», la confusione dura poco. Le operazioni doganali fortunatamente sono rapide e al controllo passaporti ci basta consegnare un biglietto da visita. Poi una carrozza ci porta direttamente all'Hotel Khedivial.

Alessandria d'Egitto, 19 novembre 1899
Banchieri e speculatori

Alessandria è tra le città antiche di cui meglio conosciamo la storia ma di cui ci restano meno vestigia. La sua importanza odierna si basa sul commercio, ci dice il direttore della Camera di commercio austroungarica con cui ci siamo dati

Eleganz in Kairos
Grand Hotels

Sfoggio di toletta nei grand hotel del Cairo

Handelskammer in der Dreher'schen Bierhalle, wo wir uns verabredet haben. An der 1899 erbauten Börse, einer der ältesten der Welt, handelt man hauptsächlich mit Baumwolle, Zuckerrohr sowie Getreide aus Ägypten und Nubien. Auch Unternehmen aus der Monarchie sind hier prominent vertreten, etwa das Bankhaus Menasce. Neben vielen anständigen Kaufleuten haben sich in Alexandria aber auch Tausende von Maltesern, Griechen und anderen Levantinern eingenistet, die sich als Christenmenschen und als Repräsentanten europäischer Kultur und Moral preisen, durch ihre betrügerischen Handlungsweisen aber eben diesen Werten in den Augen der Einheimischen schweren Schaden zufügen. Abends besuchen wir das Kasino im nahegelegenen San Stefano. Elvira ist vom reichen Juwelenschmuck und den eleganten Abendkleidern der Damen sehr angetan, allesamt von neuester französischer Provenienz. Mich betören hingegen mehr ihre auffallend feschen Trägerinnen, deren Schönheit und Anmut ein Erbe von Kleopatra sein dürfte. Habe diese Beobachtungen Elvira aber nicht mitgeteilt. (*)

Unterwegs, 20. November 1899
Im Luxuszug durchs Baumwollmeer

Die Eisenbahnlinie nach Kairo wurde bereits 1856 eröffnet, die Fahrt nach Kairo bietet aber kaum Attraktionen. Das einförmige Ackerland wird zuweilen aufgelockert durch Inseln schlanker Palmen oder breitkroniger Sykomo-

appuntamento alla Birreria Dreher. Alla Borsa di Alessandria, che fu costruita nel 1899 e che è una delle più antiche borse del mondo, si trattano soprattutto il cotone, la canna da zucchero nonché granaglie egiziane e della Nubia. Vi sono rappresentate anche alcune imprese austriache come la Bankhaus Menasce. Ma accanto a tanti commercianti onesti ad Alessandria si sono annidati migliaia di maltesi, greci e altri levantini che si spacciano per cristiani e rappresentanti della cultura e morale europea ma che in realtà, con le loro pratiche fraudolente, danneggiano gravemente l'immagine dei nostri valori presso la popolazione locale. Abbiamo passato la serata al casinò della vicina località di Santo Stefano. Elvira è rimasta profondamente colpita dai costosi gioielli e dagli eleganti abiti da sera delle signore, tutte vestite all'ultima moda francese. Io mi sono lasciato sedurre invece dalla straordinaria avvenenza delle portatrici di detti abiti, che sembrano aver ereditato la bellezza e la grazia di Cleopatra. Tuttavia, non ho messo a parte Elvira delle mie osservazioni. (*)

In viaggio, 20 novembre 1899
Sul treno di lusso attraverso un mare di cotone

La linea ferroviaria per Il Cairo fu inaugurata già nel 1856, ma il viaggio offre pochissime attrattive. La monotonia della terra agricola è rotta ogni tanto da isole di palmizi affusolati o

ren. Hie und da Esel und Kamele, Ziegenherden sowie schwer arbeitende, nur mit einem Lendenschurz bekleidete Fellachen. Die Pflüge, von schwarzen Büffeln gezogen, scheinen noch aus dem alten Ägypten zu stammen.

Kairo, 20. November 1899
Taxierende Blicke

Der schäbige Bahnhof von Kairo versetzt unseren neugierigen Erwartungen einen erheblichen Dämpfer, auch der Vorplatz ist staubig. Sind daher froh, daß uns ein eleganter Hotelwagen erwartet – rasch geht's zum legendären Shepheard's Hotel. Beim Durchschreiten der weltbekannten Hotelterrasse mustert uns Neuankömmlinge eine blasierte Gästeschar. Bin froh, die ersten Schritte am glatten kairoaner Gesellschaftsparkett souverän gemeistert zu habe – das königliche Auftreten Elviras hat viel dazu beigetragen.

Kairo, 21. November 1899
Shepheard's Hotel

Das Shepheard's ist mit Recht das berühmteste Hotel im Orient. Hier haben zahlreiche gekrönte Häupter, Diplomaten, berühmte Forscher, Generäle, Bankiers, Fabrikanten und Künstler gewohnt, wir durften einen Blick ins Gästebuch machen. Auch Kaiserin Elisabeth hat hier 1891 für drei Wochen im Shephard's logiert. Der liebenswürdige Direktor, Charles Baehler, ein Schweizer, hat

sicomori dall'ampia chioma. Qua e là compaiono un asino, un gruppo di cammelli, greggi di capre, oppure fellahin *vestiti soltanto con un perizoma. Gli aratri tirati da bufali neri sembrano essere ancora quelli dell'antico Egitto.*

Il Cairo, 20 novembre 1899
Sguardi scrutatori

La malridotta stazione ferroviaria del Cairo è stata una vera e propria doccia fredda considerate le nostre aspettative e la nostra curiosità. Anche la piazza prospiciente la stazione è invasa dalla polvere. Siamo stati quindi contenti di partire subito per il leggendario Hotel Shepheard's a bordo di un'elegante carrozza dell'albergo. Mentre attraversavamo il terrazzo dello Shepheard's, famoso in tutto il mondo, una schiera di clienti squadrava con sufficienza i nuovi arrivati. Per fortuna me la sono cavata alla grande, e lo devo soprattutto all'incedere regale di Elvira.

Il Cairo, 21 novembre 1899
Shepheard's Hotel

Lo Shepheard's è a pieno titolo l'albergo più famoso dell'Oriente. Vi sono scesi numerosi regnanti, diplomatici, ricercatori famosi, generali, banchieri, industriali e artisti, come si evince dal registro dei clienti di cui abbiamo potuto prendere visione. Anche l'imperatrice Elisabetta è stata ospite dello Shephard's per tre settimane, nel 1891. Il direttore dell'albergo, Charles Baehler, uno svizzero molto affabile, ci ha assegnato una

Shepheard's Hotel, Kofferaufkleber

Shephard's Hotel, adesivo per valigia

Werbeprospekt
Depliant

uns ein formidables Zimmer zugewiesen mit Blick auf den weitläufigen Palmengarten. Die Beleuchtung ist elektrisch, wir haben ein eigenes Badezimmer. Im Hotel ist für alle Bequemlichkeit gesorgt, es gibt ein Postamt, einen Damen- und einen Herrenfriseur, Dolmetscher, Dragomane, Photographen, Boten und Kutscher mit ihren Kaleschen, dazu noble Geschäfte, etwa der Juwelen- und Antiquitätenladen Mansoor – dessen Preise können sich sehen lassen! Auch Cook & Son unterhält hier ein Büro. Hab mich gleich versichert, ob unsere Nilfahrt von Wien aus ordnungsgemäß gebucht worden ist.

Internationale Hotelketten sind keine Erfindung unserer Tage. Am prominentesten war die 1894 von der Internationalen Schlafwagen-Gesellschaft gegründete »Compagnie Internationale des Grands Hotels«. Neben einigen Nobelabsteigen in Europa betrieb die Gesellschaft im Orient die prominentesten Grand Hotels. Weitere große Häuser wurden in Kairo von der George Nungovich Egyptian Hotels Company geführt. George Nungovich hatte als Gepäckträger begonnen und hat sich binnen weniger Jahre zum Hotelkönig Ägyptens hochgearbeitet. Mitgesellschafter seiner Hotelkette war der Wiener Luigi Steinschneider, einer der schillerndsten Hotelmanager seiner Zeit. In Oberägypten hieß der Hotelkönig Pagnon, sein Beherbergungsunternehmen betrieb Luxusabsteigen in Luxor und Assuan. Einige der Hotels dieser westlichen Aktiengesellschaften zählten zu den elegantesten und teuersten der Welt. Die Wintersaison dauerte

camera formidabile che si affaccia sull'ampio giardino delle palme. L'illuminazione è elettrica e disponiamo anche di una stanza da bagno tutta nostra. L'albergo offre ogni tipo di comodità e servizio, tra cui un ufficio postale, un parrucchiere da signora e un barbiere, e inoltre interpreti, dragomanni, fotografi, corrieri e vetturini con le loro carrozze. In più vi si trovano eleganti negozi come quello del gioielliere e antiquario Mansoor, i cui prezzi sono veramente notevoli! Anche l'agenzia Cook & Son ha un ufficio nell'albergo. Ne ho approfittato per controllare se la nostra gita sul Nilo era stata regolarmente prenotata dalla sede di Vienna.

*Le **catene di alberghi internazionali** non sono un'invenzione dei giorni nostri. Quella più in vista era la Compagnie Internationale des Grands Hotels fondata nel 1894 dalla Compagnia internazione di vagoni letto, che, accanto ad alcuni alberghi di lusso in Europa, gestiva i più famosi grand hotel dell'Oriente. Anche alla George Nungovich Egyptian Hotels Company facevano capo diversi grandi alberghi del Cairo. George Nungovich aveva iniziato la sua carriera come portabagagli e si era poi fatto strada fino a diventare, nel giro di pochi anni, il re degli alberghi in Egitto. Della sua catena era socio Luigi Steinschneider, un brillante ed enigmatico manager viennese. Nell'Egitto settentrionale, il re degli albergatori era Pagnon, la cui impresa gestiva alberghi di lusso a Luxor e Assuan. Alcuni degli alberghi di proprietà di queste società per azioni occidentali erano tra i più eleganti e costosi del mondo. La stagione invernale in Egitto durava dagli inizi di novembre fino alla fine di aprile. In*

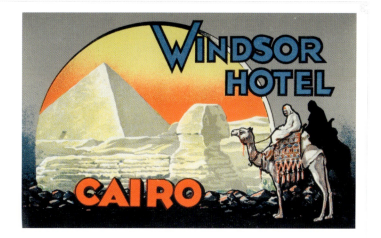

Windsor Hotel, Kofferaufkleber

Windsor Hotel, adesivo per valigia

in Ägypten von Anfang November bis Ende April. In dieser Zeit boten diese Hotels ihrer wohlhabenden Klientel eine ununterbrochene Abfolge von Konzerten, Bällen, Theatervorstellungen, Pferderennen, Golf- und Tennisturnieren, Blumencorsi oder Polomatches. Sie waren obligate Treffpunkte auf den mondänen Touren zwischen Abendland und Orient.

Kairo, 22. November 1899
Von Turbanen und Adamssohlen

Was für ein Trubel! Auf den Straßen und Plätzen von Kairo tummelt sich eine Mustersammlung aller erdenklichen Hautfarben, ein lebendiger auf- und abwärts wogender Menschenstrom in bunten Gewändern aus verschiedenen Stoffen, in weißen, schwarzen, braunen Mänteln, Kaftanen, Überwürfen, notdürftigen Lappen, in weißen, grünen, dunklen Turbanen, mit spitzen Derwischmützen, Fez, Filz- und Leinenkappen. Gegenüber den landesüblichen roten und gelben Schuhen oder der dauerhaften Adamssohle ist die europäische Schuhbekleidung in der verschwindenden Minderzahl. Dazu eine Wolke von Knoblauchduft und Rosenölparfum, von Schweißgeruch und dem animalischen Hauch der Esel und der Kamele. Sind ganz erschöpft von unserem ersten Ausflug zurückgekommen. So ein Hotel ist wirklich eine Oase der Ruhe. In den bequemen Korbstühlen der Hotelterrasse bei einer kühlen Erfrischung konnten wir das Treiben auf der Straße weit angenehmer betrachten. (*)

questo periodo, gli alberghi offrivano alla facoltosa clientela una serie ininterrotta di concerti, balli, spettacoli teatrali, corse dei cavalli, tornei di golf e di tennis, sfilate di carri infiorati e partite di polo. Costituivano tappe obbligatorie nei viaggi mondani tra Occidente e Oriente.

Il Cairo, 22 novembre 1899
Turbanti e sandali

Che confusione! Le vie e le piazze del Cairo sono popolate da un campionario di tutte le carnagioni immaginabili, un'ondeggiante fiumana di gente dai vestiti multicolori, fatti di stoffe diverse: cappotti, caffettani e mantelli bianchi, neri o marroni, cenci raffazzonati, turbanti bianchi, verdi o scuri, berretti da derviscio appuntiti, fez, copricapi di feltro o di lino. Rispetto alle scarpe rosse e gialle tipiche del posto e ai resistenti sandali egiziani, le calzature di tipo occidentale sono in netta minoranza. A tutto ciò si aggiungono ondate di puzza d'aglio e di profumo di olio di rosa, di afrore, e dell'odore acre di asini e cammelli. Siamo rientrati esausti dalla nostra prima passeggiata in città. Certo che l'albergo può essere una vera e propria oasi di pace. È di gran lunga più piacevole osservare il viavai nelle strade adagiati sulle comode poltrone di vimini del terrazzo e sorseggiando una bibita fresca. (*)

Kairo, 23. November 1899
Groppi's Schokolade

Elvira hat einigen Respekt vor den rasselnden Kobras, die trotz der nur wenig melodiösen Flötentöne des Schlangenbeschwörers zu tanzen scheinen. Sehr possierlich anzusehen sind hingegen die dressierten Affen – die würden Georg und Marie-Theres gefallen. Das sind aber nur einige der Attraktionen im Esbekîja-Garten, der von einem französischen Gartenarchitekten angelegt wurde. Er liegt im Herzen von Kairo, umgeben von alten arabischen Stadtteilen und der modernen Neustadt. Letztere hat der Khedive errichten lassen. Nach dem Besuch der Weltausstellung in Paris 1867 wollte er Kairo zu einer westlichen Metropole umbauen. Einige Bauten wurden auch von Architekten aus der Monarchie errichtet, so von meinem lieben Freund František Schmoranz, der die ägyptische Moschee der Wiener Weltausstellung 1873 geplant hat. Heute haben wir die fashionablen Europäerviertel besucht, wo Konsulate, westliche Banken, französische Restaurants, Grand Hotels, deutsche und österreichische Bierhallen, Caféhäuser und vor allem elegante Einkaufsstraßen liegen. Elvira war nur durch ein Gefrorenes in Groppi's Rotunda von den verführerischen Läden abzubringen. Der Schweizer Groppi gilt zu Recht als erster Chocolatier Ägyptens. Hier fühlt man sich wohl, fast wie zu Hause.

Il Cairo, 23 novembre 1899
Il cioccolato di Groppi

A Elvira incutono un certo timore i cobra sibilanti che sembrano danzare al suono poco melodioso del piffero suonato dall'incantatore. Viceversa, sono graziose a vedersi le scimmiette ammaestrate che di sicuro piacerebbero anche a Georg e a Marie-Theres. Sono soltanto alcune delle attrazioni dei Giardini Esbekîja ideati da un architetto paesaggista francese. I giardini si trovano nel cuore della città, circondati dagli antichi quartieri arabi e dalla moderna città nuova, fatta costruire dal kedivè il quale, dopo aver visitato l'Esposizione universale di Parigi nel 1867, aveva deciso di trasformare Il Cairo in una metropoli occidentale. Alcune costruzioni sono state progettate da architetti austriaci, tra cui il mio caro amico František Schmoranz che ha disegnato la moschea egiziana dell'Esposizione universale di Vienna del 1873. Oggi abbiamo visitato i quartieri europei alla moda dove si trovano consolati, banche occidentali, ristoranti francesi, grand hotel, birrerie tedesche e austriache, caffè e soprattutto eleganti vie commerciali. Solo offrendole un gelato al Groppi's Rotunda sono riuscito a tenere Elvira lontano dalle tentazioni delle boutique. Lo svizzero Groppi è considerato a ragione il primo cioccolataio d'Egitto. Nel suo locale c'è un'aria familiare, sembra quasi di stare a Vienna.

Shepheard's Hotel, Innenaufnahme

Shepheard's Hotel, interno

Kairo, 24. November 1899
Englische Besen kehren gut

Im Shepheard's zu speisen ist ein Erlebnis. Es gibt hier einen großartigen Speisesaal im Stil der Renaissance und ein maurisches Restaurant, wo die Gäste von malerisch gekleideten Berberinnen bedient werden. Küche und Keller sind allerdings ganz französisch. Nach dem Mahle hatte ich mit dem Gesandten S. in der American-Bar eine anregende Diskussion über die Errungenschaften der Engländer in Ägypten. Er vertrat dabei die weitverbreitete Meinung, daß das Land der energischen und strengen Führung einer europäischen Hand bedarf, wenn es vor dem sicheren moralischen und finanziellen Zusammenbruch gerettet werden sollte. Die Engländer hätten ihre Aufgabe 1882 mit bewundernswerter Energie begonnen und würden sie gewiß zum Wohle des gesamten Orients zu Ende führen. Lord Cromer, der englische Generalkonsul, sei der eigentliche König Ägyptens, der Khedive habe nichts zu sagen. Messieur J. sang demgegenüber ein Loblied auf Napoleon und dessen Feldzug in Ägypten 1798. Mit diesem Ereignis hätte die wissenschaftliche Befassung mit der altägyptischen Kultur begonnen. Bedauerlicherweise sei der Einfluß Frankreichs in Ägypten heute gemindert. Dr. F. wollte davon nichts wissen. Er beschuldigte alle Europäer im Land, die mit ihrer gewissenlosen Geschäftemacherei die europäische Zivilisation in den schlechtesten Geruch gebracht hätten. (*)

Il Cairo, 24 novembre 1899
Le scope inglesi scopano bene

Un pasto allo Shepheard's è un'esperienza emozionante. L'albergo dispone di una stupenda sala da pranzo in stile rinascimentale e di un ristorante moresco dove il servizio ai tavoli è svolto da berbere vestite in modo pittoresco. Pietanze e vini sono decisamente francesi. A fine pasto ho avuto una discussione stimolante sulle conquiste degli inglesi in Egitto con il ministro plenipotenziario S. all'American Bar. Il diplomatico sosteneva l'opinione molto diffusa secondo cui questo paese è destinato al tracollo morale ed economico senza la gestione energica e rigorosa degli europei. Gli inglesi, sempre secondo S., hanno affrontato il loro compito nel 1882 con ammirevole energia e di sicuro lo porteranno a termine per il bene dell'Oriente intero. Lord Cromer, il console generale inglese, ha detto S., è il vero re d'Egitto, mentre il kedivè non è preso in considerazione. Messieur J., invece, ha tessuto le lodi di Napoleone e della sua campagna d'Egitto del 1798, la quale avrebbe dato il la agli studi scientifici sulla civiltà egizia. Purtroppo, ha detto J., il peso della Francia in Egitto oggi va scemando. Il dott. F. non era affatto d'accordo e si è invece scagliato contro tutti quegli europei che col loro affarismo senza scrupoli hanno seriamente nuociuto all'immagine della civiltà europea in Egitto. (*)

Speisekarte des
Continental Hotels in Kairo

*Menu del Continental
Hotel al Cairo*

Kairo, 25. November 1899
»Fischmarkt«

Nächtens mit Signore B. und Major S. zum »Fischmarkt« – doch nicht Meerestiere werden hier nächtens verkauft, mußte Elvira versprechen ... Durch krumme Gassen mit altertümlichen, mit Gitterfenstern besetzten Häusern, vom matten Lichtschein der Straßenlaternen kaum erhellt, kommt man in das Viertel der Lasterhöhlen und Lumpanarien, wie sie wohl nur der Orient zu bieten vermag. Hinein durch ein enges Haustor, durch finstere Stiegenhäuser in verschwiegene Gemächer, wo sich das Licht hinter rotem Glas schamhaft verbirgt. Der Bauchtanz: Die drei Frauen waren von außerordentlicher Gestalt. Die eine, vermutlich Nubierin, war schwarz wie Ebenholz; nach ihrer wundervollen weißen Haut zu urteilen, schien die zweite eine Tscherkessin, während die dritte, broncefarben, eine Ägypterin war. Es war unbeschreiblich. Die drei – einen so auffälligen Gegensatz bildenden – Gestalten schritten vor und zurück, drehten und wandten sich, bogen Kopf und Brust nach hinten und dann wieder so weit vor, daß sie nur eine Hand breit von meinem Gesicht entfernt waren; der Körper bebte, der Geruch des Fleisches lag in der Luft und mischte sich mit wilder Musik. Ich war überwältigt, hier wird die Sinneslust der Venus und des schwärmenden Schwelgergottes Dionysos offenbar! Das ist wohl etwas zu schwülstig geraten, lebhafte Erinnerungen haben meine Feder geführt. (*)

Il Cairo, 25 novembre 1899
«Mercato dei pesci»

Puntata notturna al «mercato dei pesci» con il signor B. e il maggiore S. In questo posto però non si vendono pesci e ho dovuto fare una promessa a Elvira... Percorrendo vicoli tortuosi su cui si affacciano case antiche con le inferriate, illuminati a malapena dalla luce fioca dei lampioni, si raggiunge il quartiere dei vizi e della furfanteria come se ne vedono soltanto in Oriente. Entriamo da un portone stretto e al buio saliamo le scalinate che finalmente ci conducono alle silenziose stanze in cui la luce si cela timidamente dietro a vetri rossi. La danza del ventre: le tre donne avevano un aspetto straordinario. La prima, probabilmente una nubiana, era nera come l'ebano; la seconda, a giudicare dalla sua meravigliosa pelle bianca, doveva essere una circassa, mentre la terza, del colore del bronzo, era egiziana. È stato indescrivibile. Queste tre figure, così palesemente in contrasto tra loro, avanzavano e indietreggiavano, si giravano e si voltavano, piegavano indietro il busto e poi lo chinavano in avanti, tanto da ridurre a un palmo di mano la distanza dal mio volto; il corpo fremeva, l'odore della pelle era nell'aria e si mescolava alla musica selvaggia. Ero sopraffatto: in quel luogo si manifestava il desiderio di Venere e di Dioniso, delirante dio degli stravizi. Temo di essermi espresso in modo troppo ampolloso, ma il ricordo tuttora vivido si è impossessato della mia penna. (*)

Bauchtanz für westliche Touristen

Danza del ventre per turisti occidentali

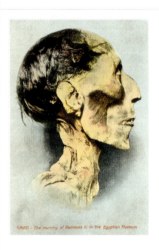

Mumie von Ramses dem Großen

La mummia di Ramses il Grande

Kairo, 26. November 1899
Mumien und arabische Altertümer

Es ist ergreifend, diese längst ausgedörrten, königlichen Mumien, die schon in mehrtausendjährigem Todesschlaf ruhen, zu betrachten. Man fühlt sich in jene Zeit versetzt, wo diese Fürsten im Glanze ihrer Umgebung über das mächtige Nilreich herrschten. Meine Freunde würden staunen, wenn ich so ein Reiseandenken mit nach Hause bringen würde, eine Mumie fürs Wohnzimmer! Anschließend konnten wir prächtige arabische Exponate im Museum für islamische Kunst bestaunen. Geführt hat uns der Direktor, unser lieber Landsmann Max Herz Pascha, der das Museum auch im ägyptischen Stil erbaut hat. (*)

Kairo, 27. November 1899
Auf der Cheopspyramide

Nachmittags direkt vom Stadtzentrum aus mit der soeben eröffneten Straßenbahn zu den Pyramiden – überwältigend! Habe meine bergsteigerischen Fähigkeiten unter Beweis gestellt und die höchste der Pyramiden erstiegen. Habe die Hilfe der aufdringlichen und geldgierigen Beduinen fast nicht benötigt. Der Blick von der Spitze der Pyramide ist grandios, auch unser Kaiser war 1869 hier oben! Elvira hat desweilen im Mena House eine kleine Erfrischung genommen. Dieses elegante Hotel zu Füßen der Pyramiden war einst eine Jagdlodge des Khediven. Abschließend haben wir uns vor der Sphinx ablichten

Il Cairo, 26 novembre 1899
Tra mummie e antichità arabe

È emozionante osservare quelle mummie reali da tempo inaridite che dormono un sonno millenario. Ci si sente catapultati indietro nel tempo, nell'epoca in cui quei principi circondati di splendore erano i signori del potente regno del Nilo. Gli amici rimarrebbero di stucco se portassi a casa un souvenir del genere: una mummia da mettere in salotto! Abbiamo poi ammirato gli splendidi oggetti arabi esposti al Museo di arte islamica. A guidarci attraverso il museo è stato il direttore Max Herz Pascià, nostro caro connazionale, il quale ha fatto erigere il museo in stile egiziano. (*)

Il Cairo, 27 novembre 1899
Sulla piramide di Cheope

Nel pomeriggio con il tram appena entrato in funzione, ci siamo recati dal centro della città alle piramidi: che emozione! Ho fatto sfoggio delle mie capacità alpinistiche salendo sulla piramide più alta. Non ho quasi avuto bisogno dell'aiuto dei beduini, petulanti e avidi. La vista che si gode da quassù è grandiosa. Anche il nostro imperatore è stato qui. Nel frattempo, Elvira ha preso da bere al Mena House Hotel, un elegante albergo ai piedi delle piramidi che un tempo serviva da casino di caccia al kedivè. Alla fine della visita ci siamo fatti fotografare davanti alla sfinge. Le immagini saranno direttamente consegnate in albergo. Per nostra grande sorpresa, il fotografo

Die Sphinx von Gizeh
La Sfinge di Gizeh

lassen, die Bilder werden direkt ins Hotel gebracht. Der Photograph war zu unserer Überraschung ein Landsmann, Paul Diettrich, der in Kairo ein Atelier besitzt.

Kairo, 28. November 1899
Verdi mit Haremsdamen

Verdi! Den Operngenuß mitten im Morgenland verdankten wir einer italienischen Sängertruppe und dem Direktor des Shepheard's, der uns die Karten verschaffte. Das Opernhaus von Kairo wurde 1869 zur Eröffnung des Suez-Kanals errichtet. Die erste Aufführung war jedoch nicht die vom Khediven bestellte Oper »Aida«, da die französischen Werkstätten Bühnenbilder und Kostüme nicht rechtzeitig abliefern konnten. Unsere Aufführung war nicht so übel, ärgerlich allerdings das häufige Kichern der Haremsdamen hinter den gestickten Tüllvorhängen ihrer Logen.

Kairo, 29. November 1899
Teatime im Gezireh Palace Hotel

Zum *five o'clock tea* im Gezireh Palace Hotel. Hier versammelt sich jeden Nachmittag eine illustre, internationale Gesellschaft. Damen, beladen mit funkelndem Schmuck, in eleganten Kleidern, bieten einen prächtigen Anblick. Hier trifft sich, was Geld und Namen hat. Oft soll auch der Khedive Abbas II. Hilmi auf seiner Spazierfahrt hier vorbeikommen. Wir ha-

era un connazionale, tale Paul Diettrich, titolare di un atelier al Cairo.

Il Cairo, 28 novembre 1899
Verdi e le donne dell'harem

Verdi! Ad offrirci il piacere di ascoltare la musica lirica nel cuore dell'Oriente sono stati una compagnia di cantanti italiani e il direttore del nostro albergo, il quale ci ha procurato i biglietti. Il Teatro dell'opera del Cairo è stato costruito nel 1869, in occasione dell'inaugurazione del Canale di Suez. Contrariamente alla richiesta del kedivè, il primo spettacolo ad andare in scena non fu l'Aida, dato che i laboratori francesi non erano stati in grado di consegnare in tempo le scenografie e i costumi. Lo spettacolo non mi è dispiaciuto, ma era irritante il ridacchiare continuo di un gruppo di donne dell'harem nascoste dietro le tende di tulle ricamate del loro palco.

Il Cairo, 29 novembre 1899
Tea-time al Gezireh Palace Hotel

Abbiamo preso il tè delle cinque al Gezireh Palace Hotel, dove ogni pomeriggio si riunisce un cicolo internazionale di personaggi illustri. Vi fanno bella mostra di sè signore cariche di gioielli scintillanti ed elegantemente vestite. Chiunque possa vantare denaro e un buon nome si reca in quel luogo, spesso frequentato anche dal kedivè Abbas II Hilmi durante le sue passeggiate. Ci

The Bar

Gezireh Palace Hotel, Innenansicht

Gezireh Palace Hotel, interno

ben uns mit dem österreichischen Konsul R. verabredet, er erzählt uns, daß Kaiser Franz Joseph hier anläßlich der Eröffnung des Suez-Kanals gewohnt hat. Die österreichische Kolonie in Kairo ist sehr geachtet und zählt fast 5.000 Köpfe. Die Österreicher in Ägypten stammen aus allen Teilen der Monarchie und gehören allen Berufsgruppen an. Es gäbe beispielsweise hervorragende Ärzte und Juristen, angesehene Gelehrte und Künstler, nebst einer stattlichen Anzahl von einflußreichen Finanz- und Geschäftsleuten sowie geschikkte Handwerker. Das Hauspersonal stamme vielfach aus Slowenien, wobei man den Eindruck gewinnt, daß oft halbe Dörfer auf der Suche nach gut bezahlter Arbeit nach Ägypten ausgewandert sind. Auch in khedivialen Diensten nehmen österreichische Untertanen wichtige Stellungen ein. Abbas Hilmi sei den Österreichern speziell zugetan, da er seine Erziehung durch mehrere Jahre im Wiener Theresianum erhielt. Der Diplomat hielt auch mit Tratsch nicht hinter dem Berg, so erzählte er etwa vom Gerücht, daß der Khedive eine ungarische Gräfin zur Frau nehmen wolle. (*)

Der wohl prominenteste Österreicher in Ägypten war der Wiener Rudolf Slatin Pascha. Aus einfachen Verhältnissen kommend, stieg der Abenteurer in englischen Diensten im Sudan zum Provinzgouverneur auf. Im Jahr 1883 wurde er jedoch vom Mahdi besiegt. Seine Gefangenschaft dauerte bis 1895. Nach abenteuerlicher Flucht wurde Slatin schlagartig berühmt, ihm öffneten sich die Türen zur Hocharistokratie und sogar zur englischen

eravamo dati appuntamento con il console austriaco R., il quale ci ha riferito che l'imperatore Francesco Giuseppe ha alloggiato nell'albergo in occasione dell'inaugurazione del Canale di Suez. La colonia austriaca del Cairo è molto rispettata e conta quasi 5.000 anime. Gli austriaci residenti in Egitto provengono da ogni parte dell'impero e appartengono a tutte le categorie professionali. Tra loro, ha detto il console, vi sono ottimi medici e giuristi, prestigiosi scienziati e artisti, e inoltre una folta schiera di finanzieri e uomini d'affari influenti nonché abili artigiani. Il personale domestico spesso è originario della Slovenia, e si ha l'impressione che l'emigrazione verso l'Egitto, in cerca di un lavoro ben retribuito, abbia letteralmente spopolato molti villaggi di quella terra. Alcuni austriaci poi assolvono funzioni importanti al servizio del kedivè. Il console sostiene che Abbas Hilmi nutre una speciale simpatia per gli austriaci, avendo ricevuto parte della sua educazione al Theresianum di Vienna. Siamo anche stati messi a parte di alcuni pettegolezzi che circolano in alta società, come quello secondo cui il kedivè starebbe per prendere in moglie una contessa ungherese. (*)

L'austriaco più famoso mai vissuto in Egitto fu molto probabilmente Rudolf Slatin Pascià, avventuriero di Vienna. Di estrazione sociale modesta, Slatin riuscì a farsi nominare dagli inglesi governatore provinciale nel Sudan, ma nel 1883 fu sconfitto dal mahdi – un personaggio che oggigiorno sarebbe considerato un terrorista islamico – e rimase rinchiuso in prigione fino al 1896. Dopo la sua fuga rocambolesca dal carcere, Statin divenne di colpo famoso e gli si aprirono le

Bildnisse des Khediven Abbas II. Hilmi, Thurnyssen Pascha und Slatin Pascha

Il kedivè Abbas II Hilmi, Thurnyssen Pascià e Slatin Pascià

Königin Victoria. Ein anderer **Österreicher im ägyptischen Dienst** war General Thurneyssen Pascha, der es zum Adjudanten und Steigbügelhalter des Khediven Abbas II. Hilmi brachte. Letzterer erhielt seine Ausbildung in Wien, wo er die ungarische Gräfin Török von Szendrö kennen und lieben lernte. 1900 heiratete er sie im Geheimen, 1910 offiziell. Als Gattin des Khediven nannte sie sich Djavidan Hanum. Verdiente Hofärzte des Khediven waren Dr. Kautzky Bey oder Anton Ritter von Becker Bey, der wegen Schulden an der Adria seinen Ertrinkungstod vortäuschte und in Kairo eine erfolgreiche Praxis eröffnete. Chefarchitekt des Khediven war der Görzer Anton Lasciac Bey. Auch im Wirtschaftsleben konnten sich Vertreter aus der Monarchie erfolgreich behaupten. Genannt sei etwa das Bankhaus Cattaui oder das Handelshaus Mohr & Fenderl und der bedeutende Baumwollexporteur Rudolf Kirchmayer & Co. Neben der Konfektionshandelskette S. Stein waren die Bekleidungskaufhäuser von Victor Tiering & Frères und A. Mayer & Co sehr erfolgreich. Der namhafte Ansichtskartenverlag Lichtenstern & Harari hatte ebenfalls einen Österreichbezug, Max Lichtenstern stammte aus Wien. Der Hilfsverein der österreichischen Kolonie in Kairo finanzierte das moderne Rudolfsspital, in dem auch Ägypter unentgeltlich ambulant behandelt wurden. Die bedeutende österreichische Präsenz in Ägypten endete mit dem Ersten Weltkrieg.

porte dell'alta aristocrazia e perfino del palazzo reale inglese, dove fu ricevuto dalla regina Vittoria. Un altro **austriaco al servizio dell'Egitto** *fu il generale Thurneyssen Pascià che divenne aiutante e staffiere del kedivè Abbas II Hilmi. Quest'ultimo si formò a Vienna, dove imparò a conoscere e ad amare la contessa ungherese Török von Szendrö, che sposò segretamente nel 1900, per poi impalmarla ufficialmente nel 1910. La consorte del kedivè prese il nome di Djavidan Hanum. Acquisirono grandi meriti come medici di corte del kedivè il dott. Keutzky Bey e il dott. Anton Ritter von Becker Bey, il quale per sfuggire ai suoi creditori aveva finto di morire annegato nell'Adriatico e si era stabilito al Cairo, dove aprì uno studio medico molto frequentato. Fu invece architetto capo del kedivè Anton Lasciac Bey, di Gorizia. Anche negli ambienti economici alcuni sudditi dell'Impero austroungarico riuscirono ad affermarsi, ad esempio la Bankhaus Cattaui, oppure la ditta commerciale Mohr & Fenderl e il grande esportatore di cotone Rudolf Kirchmayer & Co. Accanto alla catena di negozi di abbigliamento S. Stein facevano buoni affari anche i grandi magazzini Victor Tiering & Frères e A. Mayer & Co. Anche la rinomata casa editrice di cartoline illustrate Lichtenstern & Harari aveva un legame con l'Austria; infatti, Max Lichtenstern era di origini viennesi. L'associazione di beneficienza della colonia austriaca al Cairo finanziò il moderno Rudolfsspital nei cui ambulatori anche gli egiziani erano curati gratuitamente. Ma l'importante presenza austriaca in Egitto cessò con la Prima guerra mondiale.*

Djavidan Hanum, Gattin des Khediven Abbas II. Hilmi

Djavidan Hanum, consorte del kedivè Abbas II Hilmi

Kairo, 30. November 1899
»Le Grande Fabrique S. Stein«

Noch ein Bezug zur Heimat: Das Kaufhaus »Le Grande Fabrique S. Stein« mit seiner 50 Meter langen Schaufront, elektrischen Aufzügen und 180 Angestellten ist in Kairo eine viel besuchte Attraktion. Die Kunden werden hier mit größter Aufmerksamkeit bedient und können sich, da die Angestellten mehrere Sprachen sprechen, leicht verständlich machen. Der Firmengründer, Salomon Stein, siedelte sich in Wien an und gründete 1869 auch in Kairo ein Geschäft. Unter seinem Sohn Doro entwickelte sich das Unternehmen zu einem der bedeutendsten Konfektions-Handelshäusern in der Levante. Ich für meinen Teil laß' mir die Anzüge trotzdem lieber nach Maß von meinem Schneider machen. Haben den Tag in der von Österreichern und Deutschen gerne besuchten Bierhalle von »Aujust« Gorff ausklingen lassen, welcher der Urtyp eines gemütlichen Herbergsvaters ist.

Am Nil, 1. Dezember 1899
Ramses der Große

Unser 1.-Klasse-Salondampfer am Nil heißt »Ramses the Great« und dieser Pharao hätte seine Freude an dem schwimmenden Hotel gehabt. Der elegante Touristendampfer wird von Cook & Son betrieben, er ist 72 m lang und 9,1 m breit. Da der Nil zahlreiche Sandbänke bildet, beträgt der Tiefgang unseres mehrstöckigen Raddampfers kaum einen

Il Cairo, 30 novembre 1899
«La Grande Fabrique S. Stein»

Un altro legame con la patria è «La Grande Fabrique S. Stein», che con la sua facciata a vetrate lunga 50 metri, con i suoi ascensori elettrici e con 180 dipendenti costituisce una grande attrazione al Cairo. I clienti sono serviti con la massima sollecitudine e, poiché il personale parla diverse lingue, non vi sono problemi di comunicazione. Il fondatore della ditta, Salomon Stein, si stabilì a Vienna e nel 1869 aprì un negozio anche al Cairo. Con la gestione di suo figlio Doro, l'impresa divenne una delle più importanti ditte commerciali nel settore dell'abbigliamento del Levante. Personalmente, tuttavia, preferisco farmi fare i vestiti su misura dal sarto. Ho concluso la giornata alla birreria di «Aujust» Gorff, molto frequentata da austriaci e tedeschi. Il proprietario è l'emblema del locandiere gioviale.

Sul Nilo, 1° dicembre 1899
Ramses il Grande

Il piroscafo-salone di prima classe che ci porta sul Nilo si chiama Ramses the Great, *ed effettivamente il faraone avrebbe apprezzato questo albergo galleggiante. L'elegante nave turistica armata dalla Cook & Son ha una lunghezza di 72 metri e una larghezza di 9,1. Poiché nel Nilo sono frequenti i banchi di sabbia, il pescaggio del nostro piroscafo a ruote, strutturato a più piani,*

Leporello vom Nil

*Vedute del Nilo raccolte
in un album a fisarmonica*

Meter! Mit uns sind 79 Passagiere an Bord gekommen, darunter einige liebe Bekannte aus dem Shepheard's. Unsere komfortable Zweibett-Kabine hat ein eigenes Badezimmer. Elvira hofft, in der Wanne kein Nilschlammbad nehmen zu müssen. Haben auch gleich die Gesellschaftsräume inspiziert, es gibt einen gemütlichen Rauchsalon, einen ebensolchen Damensalon und ein Lesezimmer. Große Panoramafenster lassen den Blick ungehindert über die vorbeiziehende Nillandschaft schweifen. Im Speisesaal haben wir Wiener Bugholzgestühl von Thonet vorgefunden. Die etwa 950 km lange Nil-Fahrt bis zum ersten Katarakt bei Assuan wird sich auf höchst angenehme Art verbringen lassen.

An Bord, 7. Dezember 1899
Schon eine Woche am Nil

Unser Lieblingsplatz an Bord sind die bequemen Korbstühle am Promenadendeck. Hier ist die Luft angenehm und man hat die beste Aussicht. Die Tage fliegen nur so vorüber. Der belebte Fluß, das Treiben der Menschen an den Ufern und die herrliche Landschaft sowie die beinahe täglich stattfindenden Ausflüge an Land bieten ständige Abwechslung. Tempel, Gräber, Statuen, Hieroglyphen, Bildnisse von Pharaonen und Göttern, Wüstensand, Baedekersterne, ausgestopfte Krokodile, Bakschisch heischende Eseljungen, aufdringliche Händler, Gerüche von Gewürzen, aromatischer Tee und Sonnenuntergänge am Nil, die einen berauschen. Man hat gar nicht die

è di un metro appena. Assieme a noi sono saliti a bordo 79 passeggeri tra cui alcuni ospiti dello Shepheard's ai quali ci eravamo affezionati. La nostra cabina a due letti è confortevole e dispone di una stanza da bagno: Elvira ha detto che spera di non dover fare i fanghi nella vasca! Abbiamo già ispezionato le sale comunitarie: c'è un confortevole salone per fumatori, un salotto per le signore, altrettanto accogliente, e una sala di lettura. Le grandi vetrate permettono allo sguardo di vagare liberamente sul paesaggio che si snoda lungo le sponde del Nilo. Nella sala da pranzo abbiamo trovato le sedie Thonet in legno curvato. Penso che vi siano tutti i presupposti per un piacevole viaggio sul Nilo: alla cateratta di Assuan mancano circa 950 chilometri.

A bordo, 7 dicembre 1899
Sul Nilo da una settimana

Il nostro posto preferito a bordo sono le confortevoli poltrone di vimini sistemate sul ponte di passeggio. Qui l'aria è buona e si ha la vista migliore. Le giornate volano. La contemplazione del fiume popolato di imbarcazioni, della gente affaccendata sulle sue sponde e del magnifico paesaggio, nonché le gite a terra che facciamo pressoché quotidianamente ci tengono costantemente occupati. Templi, tombe, statue, geroglifici, ritratti di faraoni e dei, la sabbia del deserto, gli asterischi della guida Baedeker, coccodrilli imbalsamati, piccoli asinai avidi di bakshish, venditori petulanti, profumo di spezie, tè aromatico, tramonti sul Nilo – insomma, un miscuglio inebriante. Non si trova il tempo di rendersi conto di tutte queste suggestioni e tanto meno di metterle nero su bianco.

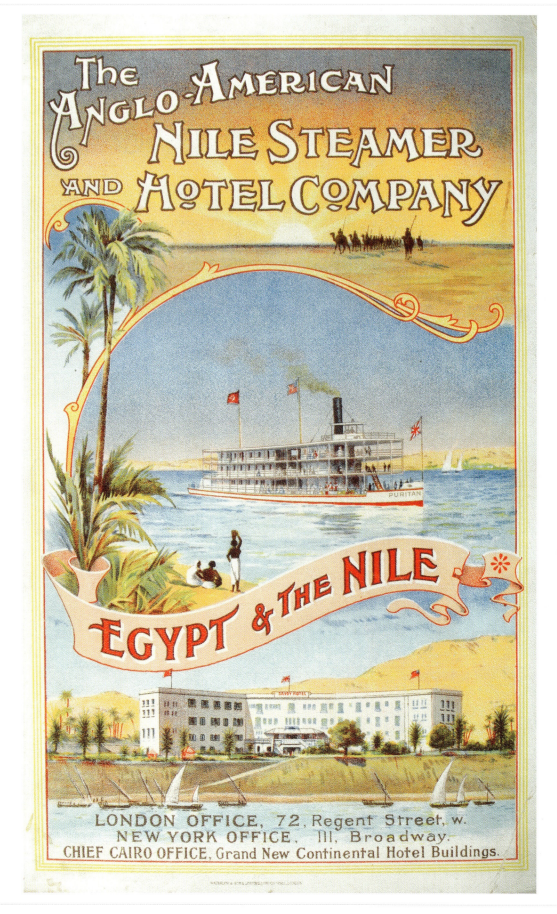

Touristendampfer

Vapore turistico

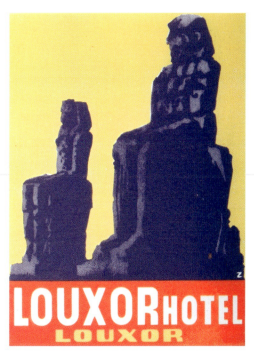

Luxor Hotel, Kofferaufkleber

Luxor Hotel, adesivo per valigia

se von Pharaonen und Göttern, Wüstensand, Baedekersterne, ausgestopfte Krokodile, Bakschisch heischende Eseljungen, aufdringliche Händler, Gerüche von Gewürzen, aromatischer Tee und Sonnenuntergänge am Nil, die einen berauschen. Man hat gar nicht die Zeit, alle Eindrücke aufzunehmen oder gar sie niederzuschreiben. Abends versammelt sich die ganze Gesellschaft in gewählter Toilette zum Diner, um nachher auf dem durch ein Zelttuch gegen die Nachtluft geschützten Promenadendeck den Kaffee einzunehmen. In angenehmer Unterhaltung ist der Abend nur zu schnell vorüber. Wir genießen das bezaubernde Bild, wenn unser mehrstöckiger Dampfer des Abends in einer Flut elektrischer Glühlichter erstrahlt und unter einförmigem Stampfen der Schiffsmaschine über die glatte spiegelnde Nilfläche hingleitet. Der Mond erfüllt die Gegend mit mildem Scheine und darüber ein unendlicher Sternenhimmel. (*)

Alla sera, i passeggeri si ritrovano per la cena in abiti da società, dopodiché ci si sposta sul ponte di passeggio, protetto da un telone che offre riparo dalla frescura della notte, per prendere il caffè. Tra piacevoli conversazioni, le serate trascorrono in un batter d'occhio. Io ed Elvira, di sera, ci godiamo l'immagine deliziosa della nostra nave illuminata da una moltitudine di lampadine elettriche, che scivola sullo specchio d'acqua del Nilo tra gli sbuffi ritmati delle macchine. La luna rischiara appena il paesaggio, sovrastato dallo sconfinato cielo stellato. (*)

Luxor, 8. Dezember 1899
Überraschung

Seit gestern Abend logieren wir im Luxor Hotel, dem ersten Haus am Platz. An der Rezeption ereilte uns eine freudige Überraschung: ein Telegramm von Graf D. aus Assuan. Zwei Reisefreunde hätten dringend die Heimreise antreten müssen, sie seien schon mit dem Expreßdampfer Richtung Kairo unterwegs. Wir könnten daher an ihrer Stelle auf seiner Dahabija, einer kleinen Segeljacht, den Nil abwärtssegeln.

Luxor, 8 dicembre 1899
Una sorpresa

Da ieri sera alloggiamo all'Hotel Luxor, che è il miglior albergo della città. Alla reception ci aspettava una piacevole sorpresa: un telegramma del conte D. da Assuan. Ci comunica che due compagni di viaggio hanno dovuto anticipare il rientro a casa imbarcandosi sul vapore espresso per Il Cairo, e che dunque potremo prendere il loro posto sulla sua dahabie, un panfilo a vela, che scenderà il Nilo.

Dragoman

Dragomanno

Luxor, 9. Dezember 1899
Dragomane

Elvira ist von den Dragomanen des Hotels sehr angetan. Es scheint, als ob etwas in der ägyptischen Luft liegt, ein gewisses Etwas, das jeden mehr oder weniger aufzureizen scheint, manche, besonders Angehörige des schwachen Geschlechts, aber ganz rasend macht und sie unwiderstehlich zu all diesen sinnlichen Vergnügen treibt. Ein junger Ägypter, der nicht nur ein guter Tänzer, sondern auch sehr redegewandt war, erzählte mir: »Ich sage Ihnen, ein Buch könnte ich füllen mit den Abenteuern, die sich uns jungen Ägyptern im Laufe des Winters bieten, und die Welt würde über die Art und Weise staunen, mit der diese jungen Mädchen sich uns an den Hals werfen.« Aber die Abenteuer dieser jungen Burschen sind nichts im Vergleich zu jenen der Dragomane, diesen prächtigen, herkulisch gebauten Männern, die so malerisch in ihrem Nationalkostüm aussehen. Ihr Beruf ist es, als Führer und Dolmetscher zu dienen. Angesichts ihres imponierenden Auftretens ist es wohl zu verstehen, vielleicht gar zu verzeihen, wenn eine Frau, deren Schönheit vom Zahn der Zeit gelitten oder die ohne diese verhängnisvolle Gabe geboren ist und deshalb lange im Schatten der Vernachlässigung geschmachtet hat, wenn eine solche Frau eifrig nach der Gelegenheit greift, sich zum Gegenstand der Anbetung zu machen, indem sie einen ägyptischen Dragoman engagiert. Das trifft nun auf Elvira gar nicht zu, deren Schönheit keineswegs vom Zahn der

Luxor, 9 dicembre 1899
Il dragomanno

Elvira è affascinata dal dragomanno dell'albergo. Sembra che vi sia un certo non so che nell'aria dell'Egitto, che ci stuzzica più o meno tutti quanti ma da cui qualcuno, e specialmente il gentil sesso, si lascia letteralmente travolgere e trascinare inesorabilmente verso tutti quei piaceri dei sensi. Un giovane egiziano, che non solo è un buon ballerino ma si sa anche esprimere molto bene, mi ha detto: «Le assicuro che potrei riempire un libro con tutte le avventure che si offrono a noi giovani egiziani nel corso dell'inverno e il mondo si stupirebbe molto del modo in cui quelle ragazze ci si gettano al collo». Ma le avventure di questi giovanotti non sono niente in confronto a quelle dei dragomanni, uomini dal fisico possente, erculeo e belli da vedere nel loro costume nazionale. Il loro lavoro è quello della guida e dell'interprete. Di fronte a tanto splendore, è abbastanza comprensibile, e forse persino perdonabile, il comportamento di certe signore dalla bellezza oramai sfiorita, oppure del tutto prive di tale qualità concessa dal fato, e quindi rimaste a lungo nell'ombra dell'incuranza, che approfittano leste dell'opportunità di diventare oggetto di adorazione prendendo al proprio servizio un dragomanno egiziano. Tutto questo però non vale per Elvira, la cui bellezza non è affatto sfiorita e la quale, oltre tutto, è oggetto della mia venerazione! (*)

Zeit benagt ist, außerdem wird sie ja von mir angebetet! (*)

Karnak, 10. Dezember 1899
Oh, diese Touristen

Sind ganz überwältigt vom majestätischen Tempel von Karnak. Doch, was geht dort vor? Nein, dies ist beleidigender, als von Barbaren geplündert zu werden, dieses Übermaß grotesker Entweihung! Eine aufgeräumte Tischgesellschaft von dreißig Personen, lauter Vertreter jener besonderen Menschenart, die sich Touristen nennen. Korkhelme und die klassisch blauen Brillen. Man trinkt Whisky mit Soda und ißt mit langen Zähnen kaltes Fleisch, dessen fettiges Einschlagpapier auf den Steinfliesen herumliegt. Und diese Damen – wie abschreckend häßlich! So aber geht es während der Saison Tag für Tag her, wie uns der Beduinenwächter versichert.

Am Nil, 11. Dezember 1899
Krokodile

Wieder an Bord unseres Nildampfers. Elvira ist ganz aufgeregt, sie hat ein Krokodil gesichtet. Ich glaube, es war der Stamm einer Palme. Wir dürfen nicht vergessen, Georg ein kleines ausgestopftes Krokodil mitzubringen. Für Marie-Theres haben wir schon eine »altägyptische« Kette mit bunten Halbedelsteinen gekauft, dazu einen blauen Skarabäus mit ägyptischen Zeichen.

Karnak, 10 dicembre 1899
Ah, questi turisti!

Siamo rimasti profondamente colpiti dal tempio maestoso di Karnak. Ma di quale spettacolo siamo stati testimoni! Una grottesca dissacrazione, una mancanza di rispetto che supera la gravità di un brutale saccheggio. Una tavolata di 30 commensali, di ottimo umore, tutti rappresentanti di quella specie chiamata turista, muniti di elmetti di sughero e dei classici occhiali azzurrati. Bevono whisky soda e mangiano carne fredda scoprendo completamente la dentatura. Le cartacce unte che contenevano la carne sono sparse sulle mattonelle del pavimento. E le signore, un vero obbrobrio! Secondo quanto ci ha detto il custode beduino del tempio, è uno spettacolo che durante la stagione si ripete ogni giorno. (*)

Sul Nilo, 11 dicembre 1899
Coccodrilli

Siamo tornati a bordo del nostro vapore. Elvira è agitatissima perché convinta di aver avvistato un coccodrillo tra i flutti del Nilo. Io credo che si trattasse piuttosto del tronco di una palma. Non dobbiamo dimenticare di portare a Georg un piccolo coccodrillo imbalsamato. Per Marie-Theres abbiamo già preso una collana «egizia» fatta di pietre semipreziose di diversi colori e uno scarabeo blu con simboli egiziani.

Krokodiljäger

Cacciatori di coccodrilli

Der überheblichen westlichen Sicht auf den Orient, setzte der viel gelesene Schriftsteller Pierre Loti seine – ebenfalls recht einseitige – Darstellung eines »unverfälschten« Orient entgegen. Loti verachtete die Touristen, insbesondere die von Cook & Son.

——•◆•——

A questo atteggiamento presuntuoso nei confronti dell'Oriente lo scrittore Pierre Loti, molto conosciuto all'epoca, contrapponeva la sua descrizione, altrettanto faziosa, dell'Oriente «autentico». Loti disprezzava i turisti e specialmente i clienti della Cook & Son.

Cataract Hotel, Speisesaal
Cataract Hotel, sala da pranzo

Assuan, 12. Dezember 1899
Grand Hotels im Wüstensand

Die Luftkurorte der ägyptischen Wüste sind für die bessere europäische und amerikanische Gesellschaft eine unüberbietbare Attraktion. Mit viel Zeit und Geld läßt es sich in komfortablen Grand Hotels angenehm überwintern. Viele kurieren hier ihre Lungenkrankheit, auch Erzherzog Franz Ferdinand verdankte seine Genesung der trockenen ägyptischen Wüstenluft. Wir haben ein prächtiges Zimmer im soeben eröffneten Cataract-Hotel, das Cook & Son auf einem Felsen über dem Nil erbaute. Haben auf unserer Reise in einigen großartigen Hotels logiert, das Cataract-Hotel übertrifft jedoch alle. Der im maurischen Stil gehaltene Speisesaal wird von einer prächtigen Moscheekuppel überwölbt, unzählige elektrische Ampeln umgeben die Gäste mit der Aura einer morgenländischen Nacht. Elvira meint, daß die Sonnenuntergänge auf der Gartenterrasse die schönsten Ägyptens seien.

Tal der Könige, 13. Dezember 1899
Im Reiche des Todes

Tiefe Einsamkeit und Trauer breiten sich über dieses Wüstental, das sich in majestätischer Erhabenheit durch das Felsengebirge windet. Jedes Leben scheint hier erstorben – nur gelber Sand und Stein. In dieser lebensfeindlichen Landschaft liegen die Gräber der ägyptischen Pharaonen. In einsamen Felsenstollen

Assuan, 12 dicembre 1899
I grand hotel del deserto

Le stazioni climatiche del deserto egiziano sono un'ineguagliabile attrazione per la clientela europea e americana di un certo livello. Avendo a disposizione molto tempo e molto denaro, qui si può svernare in piacevoli grand hotel. In molti vengono per curare malattie ai polmoni, anche l'arciduca Francesco Ferdinando deve la sua guarigione all'aria secca del deserto egiziano. Abbiamo una stanza favolosa al Cataract Hotel, appena inaugurato e costruito dalla Cook & Son su di una rupe in riva al Nilo. Nel corso del nostro viaggio abbiamo alloggiato in alberghi di primissima categoria, ma il Cataract Hotel li supera tutti. La sala da pranzo in stile moresco ha uno stupendo soffitto a cupola come fosse una moschea e innumerevoli lampade elettriche a sospensione diffondono un'aura da Mille e una notte. Elvira sostiene che i tramonti cui abbiamo assistito dal terrazzo del giardino sono i più belli di tutto l'Egitto.

Valle dei Re, 13 dicembre 1899
Nel regno della morte

Un senso di profonda solitudine e di tristezza aleggia su questa valle desertica che si snoda con maestosa dignità tra le montagne rocciose. Quei luoghi fatti di sabbia e di pietra sembrano del tutto privi di vita, e proprio qui, immerse nell'aspro paesaggio, si trovano le tombe dei faraoni egizi. Tra tesori incommensurabili, le mummie dei so-

Uscheptis, echt oder falsch?
Ushabti – veri o falsi?

ruhten die Mumien der Herrscher inmitten unermeßlicher Schätze, bis ihr sanfter Todesschlaf jäh durch wüste Eindringlinge gestört wurde. Früher waren es Grabräuber, heute Archäologen, die das wenige, was jene nicht raubten, in Museen und private Sammlungen wegschleppen. In den geplünderten Grabkammern verblieben sind jedoch feine Bänder von Hieroglyphen und farbenprächtige Reliefs, die vom Leben und Glauben des alten Ägypten ein anschauliches Zeugnis geben. Gänzlich unbeeindruckt von der erhabenen Stätte sind die Eseljungen, deren einziges Sinnen es ist, daß sich die Touristenkarawane möglichst schnell zur Heimkehr wendet und ein großzügiges Bakschisch verteilt. Die Bakschischplage begleitet den Reisenden im gesamten Orient, man sollte Geld nur für wirklich geleistete Dienste geben. (*)

Richtung Kairo, 14. Dezember 1899
Dahabija

Leider mahnt Graf D. schon zur Abreise, er will Silvester in Kairo verbringen. Also rasch aufs Schiff – und auf was für eines: ein äußerst gemütliches schwimmendes Heim! Frei von Geräuschen der Maschine, kein Rauch, keine fremden Reisegefährten, ein Fahrzeug wie geschaffen, sich im trauten Freundeskreis einer Nilreise zu erfreuen. Rein äußerlich dürfte sich die Segeljacht seit den Zeiten der Pharaonen kaum verändert haben, dagegen welch moderner Luxus innen. Ein schöner großer Salon in der Mitte, davor und da-

vrani giacquero solitarie nei loro cunicoli finché il loro dolce sonno non fu interrotto dall'intrusione di individui incivili: dapprima i saccheggiatori di tombe, poi gli archeologi. Ciò che gli uni non trafugarono è ora arraffato e trasferito nei musei e nelle collezioni private dagli altri. Nelle camere sepolcrali saccheggiate sono però rimasti sottili nastri di geroglifici e rilievi dagli splendidi colori, vive testimonianze della vita e della fede dell'antico Egitto. Non sembrano minimamente impressionati da questo luogo solenne gli asinai, i quali non pensano ad altro che a far rientrare al più presto la carovana di turisti e a ricevere un generoso bakshish. Il tormento del bakshish accompagna i viaggiatori da un capo all'altro dell'Oriente. Sarebbe più giusto dare del denaro soltanto in presenza di un servizio effettivamente prestato. (*)

Verso Il Cairo, 14 dicembre 1899
Dahabie

Purtroppo, il conte D. sollecita la partenza, dato che vuole trascorrere l'ultimo dell'anno al Cairo. Ci imbarchiamo dunque di corsa sullo yacht – e che yacht! Si tratta di una casa galleggiante estremamente confortevole. Non c'è fragore di macchine, non c'è fumo, non ci sono compagni di viaggio sconosciuti a turbare questo viaggio sul Nilo tra amici. L'aspetto esteriore dell'imbarcazione deve essere cambiato solo minimamente dai tempi dei faraoni, invece l'interno è lussuoso e moderno. Al centro, un bel salone ampio, davanti e dietro al quale sono disposte le cabine e

Dahabija
Dahabie

hinter Schlafkabinen und Badezimmer. Die Küche und die Mannschaftsräume befinden sich im vorderen Teil des Schiffs. Unsere Dahabija trägt den schönen Namen »Osiris«. Graf D. ist jetzt zufrieden mit der Besatzung, er hat mit Strenge und Bakschisch erreicht, daß er der Herr an Bord ist. (*)

Unterwegs, 24. Dezember 1899
Palmen statt Weihnachtstannen

Ein Weihnachtsfest unter Palmen, mit einem reichhaltigen Picknick und kühlem Champagner. Der Koch hat sich selbst übertroffen, die Stimmung ist ausgelassen. Habe für Elvira in Kairo auch ein seidenes Tuch im orientalischen Stil erworben, sie sieht ganz ägyptisch aus, werde sie von nun an Aischa nennen. Erheben das Glas auch auf unseren Kaiser, während auf dem Mast der Segeljacht die Flagge Österreich-Ungarns weht.

Kairo, 31. Dezember 1899
Champagnerkorken fliegen im Shepheard's

Logieren wieder im Shepheard's. Lichtergirlanden zeichnen die Silhouette des Hotels in den nachtschwarzen Himmel. Die Säle und Hallen des Hotels sind in feenhaftes Licht tausender Kerzen getaucht, das die Grazie der zahlreichen Frauenschönheiten, die Pracht ihrer juwelengeschmückten Toiletten effektvoll beleuchtet. Zu den Walzermelodien einer österreichischen Kapelle tanzen wir

i bagni. La cucina e le cabine dell'equipaggio si trovano nella parte anteriore del panfilo. La nostra dahabie *risponde al bel nome di Osiris. Il conte D. adesso è soddisfatto dell'equipaggio – con rigore e* bakshish *è riuscito a farsi valere come comandante. (*)*

In viaggio, 24 dicembre 1899
Palme natalizie

Una vigilia di Natale all'ombra delle palme, con un ricco pic-nic accompagnato con champagne raffreddato al punto giusto. Il cuoco ha superato se stesso, l'atmosfera a bordo è allegra. Al Cairo ho acquistato per Elvira un foulard di seta in stile orientale che le conferisce un'aria decisamente egiziana. D'ora in avanti la chiamerò Aischa. Brindiamo anche alla salute del nostro imperatore, mentre sull'albero del panfilo sventola la bandiera dell'Impero austroungarico.

Il Cairo, 31 dicembre 1899
Volano i tappi di champagne allo Shepheard's

Alloggiamo di nuovo allo Shepheard's. Ghirlande di luci disegnano la sagoma dell'albergo sullo sfondo del cielo notturno. Le sale sono immerse nella magica luce di migliaia di candele, che mette in risalto la grazia delle tante belle signore ingioiellate e delle loro tolette. Ballando sulle note di un walzer suonato da un'orchestrina austriaca, ci affacciamo al nuovo secolo. Allo scoccare della mezzanotte in cielo esplodono dei

einem neuen Jahrhundert entgegen. Zum Jahreswechsel ein grandioses Feuerwerk, bin sehr glücklich mit meiner Elvira.

Im Zug, 5. Januar 1900
Abschied von Ägypten

Mit großer Wehmut geht es zurück zum Bahnhof, unser Schiff in Alexandria wartet. Haben uns im Gästebuch des Shepheard's verewigt, mit dem Wunsch nach einer baldigen Wiederkehr.

Stehts zu Ihren Diensten!

Sempre al Suo servizio

magnifici fuochi d'artificio. Mi sento molto felice al fianco della mia Elvira.

Sul treno, 5 gennaio 1900
Addio all'Egitto

Torniamo alla stazione ferroviaria a malincuore. Ma bisogna partire, dato che ad Alessandria ci aspetta la nave. Abbiamo firmato il registro degli ospiti dello Shepheard's, esprimendo il desiderio di farvi ritorno molto presto.

Auf hoher See mit Semiramis

In alto mare con Semiramide

An Bord, 6. Januar 1900
Addio ihr Pharaonen, Semiramis lebe hoch!

Unersättlich der Appetit von Semiramis! Eine ungeheure Menge an Kisten, Koffern, Fässern und Säcken verschwindet in ihrem mächtigen Bauch und dabei bleiben ihre Konturen doch elegant und schnittig. Gemeint ist natürlich der Eildampfer »Semiramis« des Österreichischen Lloyd, der noch fest vertäut im Hafen von Alexandria liegt und uns in fünf Tagen nach Triest bringen wird. Endlich ist auch der letzte Passagier an Bord, die letzte Tasche verladen, wehmütig flatternde Taschentücher, ein letztes Addio, die Schiffssirene heult und Semiramis stampfend auf See.

A bordo, 6 gennaio 1900
Addio faraoni, viva Semiramide!

Semiramide è insaziabile! Una quantità immensa di casse, valigie, botti e sacchi viene stivata nella sua pancia, eppure i suoi contorni restano eleganti e slanciati. Sto parlando ovviamente del vapore espresso Semiramide del Lloyd austriaco, che è ancora saldamente ormeggiato al porto di Alessandria ma che sta per salpare e nel giro di cinque giorni ci porterà a Trieste. Finalmente si è imbarcato l'ultimo passeggero ed è stata caricata l'ultima borsa. Ansimando, tra il triste sventolare dei fazzoletti, le ultime grida d'addio e l'urlo della sirena, la Semiramide prende il largo.

Seit 1908 benötigen die Lloyd-Expressdampfer Helouan und Wien für die Strecke Triest–Alexandria nur mehr drei Tage.

———•◆•———

Dal 1908 in poi i vapori espresso del Lloyd austriaco Helouan e Wien coprivano la distanza tra Trieste e Alessandria d'Egitto in appena tre giorni.

Werbeanzeige des Österrreichischen Lloyd, Linie Triest–Alexandria

Annuncio pubblicitario della linea Trieste–Alessandria d'Egitto del Lloyd austriaco

Schreibtischgarnitur, angeblich aus dem Nachlass eines Kapitäns des Österreichischen Lloyd

Completo da scrivania presumibilmente appartenuto a un comandante del Lloyd austriaco

Semiramis, 7. Januar 1900
Ein schwimmendes Hotel

Sie ist wahrlich majestätisch unsere Semiramis, ein schwimmendes Grand Hotel. Stolz erklärt der Erste Offizier, daß der Eildampfer mit 115 Meter Länge und 2.556 Registertonnen gemeinsam mit dem Schwesternschiff Cleopatra der größte des Lloyd sei. 4.600 Pferdestärken würden eine Geschwindigkeit von 15 Seemeilen (à 1855 Meter) pro Stunde erlauben. Speisesaal, Konversations- und Raucherzimmer sind ausgesprochen elegant, man fühlt sich wohl in diesen Räumen. Einzig die recht schmalen Bettchen in der Kabine, Kojen genannt, scheinen etwas gewöhnungsbedürftig. Wenigstens sind sie in der ersten Klasse nicht übereinander gebaut. Am liebsten lustwandeln wir am Promenadendeck mit Blick auf die unendliche Weite des azurblauen Meeres. Die Meeresluft ist ein wahrer Gesundbrunnen, Elvira gleicht schon beinahe einem jungen Mädchen. Im Musiksalon eine angenehme Überraschung: Unser lieber Hotelgenosse aus Kairo, Oberst W., spielt auf einem Ehrbarflügel mit Hingabe Zierers Khedivemarsch.

Semiramis, 7. Januar 1900
Tafelfreuden

Trotz Meeresschwärmerei an Deck – beim Ruf der Glocke eilen alle Passagiere sogleich in Richtung Speisesaal. Die Tafel hübsch dekoriert, die Küche exquisit, die Weine voll-

Semiramide, 7 gennaio 1900
Un albergo galleggiante

È invero maestosa questa nave, un grand hotel galleggiante. Orgoglioso, il primo ufficiale ci informa che il vapore, con i suoi 115 metri di lunghezza e le 2.556 tonnellate di stazza è l'imbarcazione più grande del Lloyd, assieme alla nave gemella Cleopatra. Il motore da 4.600 cavalli vapore le permette di raggiungere la velocità di 15 miglia (1.855 metri) all'ora. La sala da pranzo, il salone per fumatori e il salotto sono decisamente eleganti e accoglienti. Soltanto i letti stretti delle cabine, chiamati cuccette, sono scomodi – vi si deve fare l'abitudine. Ma per lo meno, in prima classe, le cuccette non sono messe una sopra l'altra. Ciò che amiamo di più è andare a zonzo sul ponte di passeggio e posare lo sguardo sull'immenso mare azzurro. L'aria di mare è una vera e propria fonte di giovinezza. Elvira sembra quasi tornata ragazza. Nella sala da musica troviamo una piacevole sorpresa: il nostro caro maggiore W., conosciuto in albergo al Cairo, sta suonando la Khedivemarsch di Zierer su un pianoforte a coda Ehrbar.

Semiramide, 7 gennaio 1900
I piaceri della tavola

Per quanto possa entusiasmare la vista del mare, quando suona la campanella, tutti i passeggeri si affrettano a raggiungere la sala da pranzo. Le tavole sono decorate con gusto, la cucina è ottima,

ORIENT ALL INCLUSIVE

»Frische Brise«
gezeichnet von Fritz Schönpflug

«Fresca brezza»,
disegno di Fritz Schönpflug

mundig, die Stimmung gehoben – es scheint, daß die Hausärzte vielen Mitreisenden als sicheres Mittel gegen die Seekrankheit ausgiebige Tafelfreuden verschrieben haben.

Semiramis, 7./8. Januar 1900
Poseidons Zorn

In finsterer Nacht fand die sonntägliche Meeresidylle ein jähes Ende. Tosend, stürmend und brausend ließ sich das dumpfe Geräusch der an der Schiffswand zerschellenden Wogen in dem engen Raum der gepanzerten Kabine vernehmen. Das einförmige Geklapper der gleichmäßig arbeitenden Schiffsmaschine, das Rasseln der schweren Ketten der Kohleaufzüge und das Kreischen und Knarren in dem Gefüge des mächtigen Schiffskörpers machten im Verein mit dem Heulen des Sturmes einen beängstigenden Eindruck. Wer da zur Nachtzeit in der halbdunklen Kajüte die Augen gegen die matt beleuchtete nieten- und schraubenbedeckte eiserne Decke richtete, den überläuft ein schauerliches Gruseln – und Elvira schläft den Schlaf des Gerechten. Fürchte, mich befällt soeben eine leichte Unpäßlichkeit ... (*)

Semiramis, 8. Januar 1900
Sonnenaufgang und eine leicht Blässe

Offenbar hat uns eine freundliche Nixe im rechten Moment geweckt, als der erste Sonnenstrahl das Schiff streift. Nur eine leichte

i vini ricchi di corpo, l'atmosfera vivace – si ha l'impressione che a un buon numero di passeggeri sia stato consigliato dal medico curante di abbandonarsi ai piaceri della tavola per contrastare il mal di mare.

Semiramide, 7/8 gennaio 1900
L'ira di Poseidone

A notte fonda, l'idillio marittimo della domenica cessa bruscamente. Nello spazio angusto della cabina blindata, all'orecchio giunge sordo il mugghiare furioso e scrosciante delle onde che si frangono contro il bordo della nave. Il picchiettio cadenzato delle macchine che lavorano ritmicamente, lo sferragliare delle pesanti catene della carbonaia, lo stridore e lo scricchiolio prodotti dalla struttura dell'immenso scafo, frammisti all'ululato della tempesta, incutono terrore. Chi nottetempo nella cabina semioscura alza lo sguardo verso il soffitto di ferro, tempestato di borchie e viti e illuminato da una luce fioca, è colto da un brivido sinistro. Nel frattempo, Elvira dorme il sonno dei giusti. Temo di sentirmi addosso una leggera indisposizione ... (*)

Semiramide, 8 gennaio 1900
Albore del cielo e biancore del volto

Evidentemente siamo stato svegliati da una gentile sirena proprio nel momento in cui il primo raggio di sole lambiva la nave. Della notte pas-

Ein wirksames Mittel?

Un rimedio efficace?

Schwäche ist von der Nacht geblieben. Wie ein feuerglühender Ball scheint die Sonne aus den Meeresfluten zu steigen, die weißen Wellenkämme werden rosig und schillern in allen Farben des Regenbogens. Vergessen ist alle Seekrankheit. Habe gelesen, daß die meisten Menschen bei der ersten Seefahrt, sobald das Schiff zu schwanken anfängt, von diesem Übel befallen werden, gleichgültig, ob sie schwach oder kräftig sind. Das erste Symptom der Krankheit ist eine gewisse Unruhe; hat sich einmal eine leichte Blässe und ein lebhaftes Glänzen der Augen eingestellt, so folgt bald ein Zucken um die Mundwinkel, ein Entfärben der Lippen, steigendes Unbehagen und schliesslich die Magenentleerung. Die Seekrankheit hat auf alle Befallenen eine entmutigende Wirkung, Männer werden hinfällig wie Kinder. Ist der Anfall vorüber, stellt sich gesteigerter Appetit und erhöhte Stimmung ein. So auch bei mir, freu mich schon auf ein ordentliches Frühstück. (*)

sata è rimasta soltanto una lieve fiacchezza. Il sole sembra levarsi dal mare come una palla di fuoco, le creste delle onde, inizialmente bianche, assumono una tonalità rosata e poi brillano di tutti i colori dell'arcobaleno. Il mal di mare è cosa passata. Ho letto che al primo viaggio per mare, la maggior parte delle persone è colta da questo male non appena l'imbarcazione inizia a oscillare, indipendentemente dalla costituzione, debole o forte che sia. Il primo sintomo è una certa irrequietezza; il manifestarsi di un tenue pallore e di una intensa lucentezza degli occhi è seguito da contrazioni degli angoli della bocca, sbiancamento delle labbra, crescente malessere e infine svuotamento dello stomaco. Il mal di mare ha avuto un effetto scoraggiante su tutti i soggetti colpiti. Gli uomini perdono vigore e diventano come bambini. Una volta passato l'attacco, ritorna l'appetito e l'umore migliora. Anche per me è stato così. Non vedo l'ora di fare un'abbondante colazione. (*)

Semiramis, immer noch 8. Januar 1900
Ein Schiffsarzt als Folterknecht

Der nächtliche Sturm hat seinen Tribut gefordert, arg gelichtet sind die Reihen der Passagiere bei Tisch. Der Schiffsarzt meint, daß es gegen die Seekrankheit keine Prophylaxe gibt. Im allgemeinen wirken alle Mittel, welche das Blut gegen das Hirn treiben. Manchmal hilft eine Kompressenbehandlung. Dabei soll das Wasser für die Kompressen, die man aus Handtüchern herstellt, so heiß sein, daß es

Semiramide, sempre 8 gennaio 1900
Un medico di bordo come aguzzino

Il bilancio della tempesta notturna è pesante: in sala da pranzo i ranghi sono decisamente sfoltiti. Il medico di bordo sostiene che non esiste profilassi contro il mal di mare. In generale sono efficaci tutti i rimedi che fanno affluire il sangue al cervello. A volte dà sollievo l'applicazione di compresse fatte con asciugamani e acqua talmente calda da risultare quasi insopportabile. Le compresse debbono essere sostituite a intervalli bre-

»Bordvergnügen«,
gezeichnet von Fritz Schönpflug

«Divertimento a bordo»,
disegno di Fritz Schönpflug

kaum zu ertragen ist. Nach kurzer Zeit muß sie durch eine ebensolche ersetzt werden. Der Patient soll diese Umschläge liegend empfangen und muß sich aller leiblichen Genüsse enthalten. Nach etwa einer Stunde tritt Wohlbehagen und Durst ein, dem man jedoch nicht nachgeben darf. Erst wenn Hunger hinzukommt, kann man etwas ungezuckerten, dünnen Tee ohne Milch zu sich nehmen mit etwas geröstetem, trockenem Brot. Zwei Stunden später soll man unbesorgt eine Mahlzeit einnehmen. Bevor ich mich einer solchen Kompressenfolter unterziehe, laß' ich mir lieber von Elvira die Hände aufs bleiche Haupt legen. Elvira meint allerdings, daß das letzte Nacht wohl nicht geholfen hätte – konnte es ja auch nicht, sie hat ja gut geschlafen! (*)

Brindisi, 9. Januar 1900
Ein unwürdiger Spaß

Von der Ferne macht die Stadt einen günstigen Eindruck, der sich jedoch bei näherem Hinsehen rasch mindert. An Bord begrüßen uns Mandolinenklänge, allerlei Volk verkauft Zigaretten, Obst, Ansichtskarten, Zeitungen und billige Reiseandenken. Vor dem Ablegen werfen einige Passagiere kleine Münzen unter die sich sofort darum balgenden Burschen. Habe für solche Scherze wenig über. Es ist doch traurig, daß sich Menschen ein paar Groschen unter so entwürdigenden Umständen verdienen müssen. Haben daher den an Bord gekommenen Klosterschwestern für einen wohltätigen Zweck gespendet.

vi. Il paziente deve ricevere il trattamento in posizione coricata e astenersi da tutti i piaceri del corpo. Dopo circa un'ora sopraggiungono benessere e una certa sete, alla quale però occorre resistere. Solo quando sorge la sensazione di fame si può prendere un po' di tè lungo, senza zucchero e senza latte, accompagnato da pane secco tostato. Dopo altre due ore, si può tranquillamente mangiare un pasto completo. Piuttosto che sottopormi a una tale tortura a colpi di compresse, chiederei a Elvira di appoggiarmi le mani sul pallido capo. Elvira però dice che ciò non avrebbe avuto l'effetto sperato la notte scorsa – certo che no, visto che lei dormiva profondamente. (*)

Brindisi, 9 gennaio 1900
Un divertimento indegno

Vista da lontano, la città dà un'impressione positiva, la quale però svanisce a un esame più attento. A bordo ci danno il benvenuto il suono dei mandolini e vari venditori di sigarette, frutta, cartoline illustrate, giornali e ricordi a buon mercato. Prima che la nave sciolga gli ormeggi, alcuni passeggeri lanciano delle monetine a un gruppetto di ragazzi, che immediatamente si azzuffano per prenderle. Sono scherzi che non mi garbano. Non è forse triste che certa gente debba guadagnarsi qualche spicciolo in un modo così umiliante? Noi, invece, abbiamo fatto una donazione generosa alle suore venute a bordo per chiedere soldi in beneficenza.

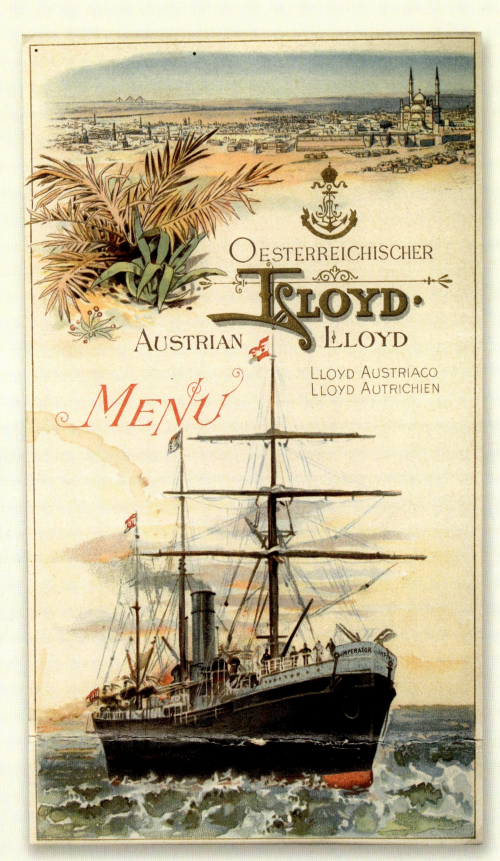

Speisekarte

Menu

«Ausschiffung»,
gezeichnet von Fritz Schönpflug

*«Sbarco»,
disegno di Fritz Schönpflug*

Triest, 10. Januar 1900
Hotel de la Ville

Das römische Tergeste, italienisch Trieste, slawisch Trst, die bedeutendste Hafenstadt unserer Monarchie, ist mit ihrer herrlichen Lage an der Adria und ihrer üppigen Vegetation – ich liebe die knorrigen Olivenbäume und den Lorbeer – ein echtes Kind des Südens. Echte Kinder des Südens sind auch die Bewohner, zumeist Italiener, Dalmatiner, dazu einige Griechen und Levantiner, deutsch wird hier kaum gesprochen. Dies gilt natürlich nicht für das Personal unseres »Hotel de la Ville«, dem besten Haus in Triest. Könnte stundenlang vom Fenster unseres Zimmers aus das Treiben im Hafen beobachten. Das Restaurant des Hotels ist ausgezeichnet, die Speisekarte wie ein kulinarischer Atlas unserer Monarchie: Kaiserfleisch aus Wien, Prager Schinken, ungarisches Gulasch, weiße istrische Trüffel, einen Branzino aus dem Golf von Triest, Apfelstrudel und böhmische Mehlspeisen. Der Espresso ist hier ausgezeichnet, kein Wunder, ist die Stadt doch ein bedeutender Kaffeehandelsplatz. Unser erster Besuch galt dem Denkmal des unglücklichen Bruders unseres Kaisers, Maximilian von Mexiko, der sein kaiserliches Abenteuer in der Ferne 1867 mit seinem Leben bezahlte. Die angebrachte Inschrift stimmt melancholisch: »Der österreichischen Marine, für die ich so große Zuneigung hege, allen Freunden, die ich an den Ufern der Adria zurücklasse, mein letztes Lebewohl!« Werden sein nahegelegenes Schloß Miramare besuchen.

Trieste, 10 gennaio 1900
Hotel de la Ville

La Tergeste romana, o Trieste italiana, o Trst slava, è il porto più importante dell'impero. La meravigliosa posizione sull'Adriatico e la vegetazione rigogliosa – adoro gli ulivi nodosi e l'alloro! – ne fanno una vera città del sud. E sono dei veri cittadini del sud anche i triestini, per lo più italiani, dalmati, a cui si aggiungono qualche greco e qualche levantino. Il tedesco qui è parlato pochissimo. Ciò ovviamente non vale per il personale del nostro Hotel de la Ville, che è il miglior albergo della città. Trascorrerei delle ore a osservare il viavai del porto dalla finestra della nostra camera. Il ristorante dell'albergo è eccellente, la lista delle pietanze sembra una mappa gastronomica dell'impero: Kaiserfleisch viennese, prosciutto di Praga, gulasch ungherese, tartufi bianchi dell'Istria, branzino del Golfo di Trieste, strudel di mele e dolci boemi. Il caffè espresso è di ottima qualità e non c'è da meravigliarsene, visto che Trieste è un'importante piazza di mercato del caffè. Per prima cosa abbiamo visitato il monumento eretto all'infelice fratello del nostro sovrano, Massimiliano d'Asburgo, imperatore del Messico, che nel 1867 ha pagato con la vita la sua avventura imperiale in quelle terre lontane. L'iscrizione del monumento ci ha riempito di malinconia: «Alla Marina austriaca, alla quale porto tanto affetto, a tutti gli amici che lascio sulle sponde dell'Adriatico, un ultimo addio!» Visiteremo anche Castel Miramare, che fu di sua proprietà e che si trova nelle vicinanze.

Denkmal für Maximilian von Mexiko

Monumento a Massimiliano del Messico

Reiseführer:
Österreichischer Lloyd
Guida del Lloyd austriaco

Triest, 11. Januar 1900
Von Seehelden und Forschern

Großartige Sehenswürdigkeiten sucht man in Triest fast vergebens, umso mehr gibt es hier Handelshäuser, Versicherungen, Schiffsagenturen und Banken, riesige Lagerhallen, dazu zahlreiche Fabriken und die größte Werft unserer Monarchie. Hier werden unsere Kriegsschiffe und die Dampfer des Österreichischen Lloyd gebaut. Das prächtige Direktionsgebäude des Lloyd an der Piazza läßt erahnen, wie viele Schiffe unter österreichischer Flagge von Triest aus die Weltmeere befahren. Auch wenn wir keine ausgesprochene Seefahrernation sind, können sich unsere Erfolge wohl sehen lassen: Die Weltumsegelung der Fregatte Novara 1857–1859 war eine wissenschaftliche Weltsensation. Überhaupt ist unsere Marine auf ihren Forschungs- und Entdeckungsfahrten bis heute sehr erfolgreich. Dazu der Österreichische Lloyd, die bedeutendste Schiffahrtslinie in der Levante und am Schwarzen Meer – man kann mit dem Lloyd aber auch nach Indien oder Japan dampfen. Im Orient halten neben den verdienstvollen Konsuln vor allem die Österreichische Post und der Österreichische Lloyd unsere Fahne hoch!

»Die Vertreter des Österreichischen Lloyd gelten wie Quasi-Gesandte einer auswärtigen Macht, wie Nebengesandte der österreichisch-ungarischen Monarchie. Der Österreichische Lloyd hat eine Bedeutung wie die East Indian Company. Als ob ihm eine gewisse Sou-

Trieste, 11 gennaio 1900
Eroi dei mari e scienziati

Non vale quasi la pena di cercare luoghi di interesse turistico a Trieste, che è invece costellata di ditte commerciali, compagnie di assicurazioni, agenzie di navigazione, banche, enormi magazzini, ai quali si aggiungono numerose fabbriche e il più grande cantiere navale dell'impero. Qui si costruiscono le nostre navi da guerra e i piroscafi del Lloyd austriaco. Lo splendido palazzo della direzione del Lloyd sulla piazza dà un'idea di quante navi battenti bandiera austriaca salpino da Trieste per gli oceani. Pur non essendo una nazione di grandi navigatori, noi austriaci possiamo vantare qualche successo: la circumnavigazione del globo da parte della nostra fregata nel 1857–1859 fu una sensazione scientifica a livello mondiale. In generale, la nostra Marina ottiene grandi risultati nelle sue spedizioni finalizzate alla ricerca e all'esplorazione. A ciò si aggiunge il Lloyd austriaco che è la prima compagnia di navigazione nel Levante e sul Mar Nero – ma con le navi del Lloyd si può raggiungere persino l'India e il Giappone. In Oriente, oltre ai consoli benemerenti, a tenere alto l'onore dell'impero vi sono anche le Poste austriache e il Lloyd austriaco.

«I rappresentanti del Lloyd austriaco sono considerati alla stregua di ambasciatori di una potenza straniera, sono trattati come ambasciatori aggiunti dell'Impero austroungarico. Il Lloyd austriaco ha un'importanza pari a quella della Compagnia delle Indie orientali. Quasi che gli fosse propria una certa sovranità, in talune località dell'Oriente i rappresentanti del Lloyd

veränität anhaften würde, so dass an einzelnen Orten des Orients die Vertreter des Lloyd wie eine Art diplomatischer Vertreter einer großen auswärtigen Macht erscheinen.« Dies konnte ein österreichischer Politiker seinerzeit mit Recht behaupten. Die Erfolgsgeschichte begann 1833, als eine Gruppe von Triestiner Versicherungsgesellschaften den Lloyd als Nachrichtenagentur für Schifffahrtsangelegenheiten gründete. Mit der Schifffahrt begann man 1836 durch den Kauf von englischen Dampfern, die Reederei ist somit die älteste auf europäischem Festland. Die erste Fahrt eines Lloydschiffes, des Raddampfers Arciduca Lodovico, begann am 15. Mai 1837 und führte nach Konstantinopel. Noch im selben Jahr schloss die österreichische Regierung ein Postabkommen mit der Reederei. Die weitere Entwicklung entsprach ganz der Devise des Lloyd: »Vorwärts«. Im Laufe seines 78-jährigen Bestehens entwickelte sich der **Österreichische Lloyd** zur bedeutendsten Schifffahrtslinie des östlichen Mittelmeers. Zeit ihres Bestehens liefen insgesamt 232 Schiffe mit zusammen etwa 400.000 BRT unter der Flagge des Österreichischen Lloyd, die insgesamt etwa 21,5 Millionen Fahrgäste und 37,5 Millionen Tonnen Waren auf über 100 Millionen Seemeilen beförderten. Nicht übersehen werden sollte, dass der wirtschaftliche Erfolg des Lloyd auch auf Kosten der schlecht bezahlten Matrosen, Hafen- und Lagerarbeiter errungen wurde. Gemeinsam mit der Monarchie ging der Österreichische Lloyd wie die zweite bedeutende österreichische Schifffahrtsgesellschaft, die Austro-America-

appaiono come una sorta di inviati di una grande potenza straniera», affermò un politico dell'epoca, e aveva ragione. La storia del successo del Lloyd iniziò nel 1833, quando un gruppo di compagnie assicurative triestine fondò un'agenzia di informazioni e servizi per le compagnie di navigazione. Si passò poi alla navigazione vera e propria nel 1836, con l'acquisto di piroscafi inglesi – il Lloyd fu dunque il primo armatore sulla terraferma europea. Il viaggio del piroscafo a ruote Arciduca Lodovico alla volta di Costantinopoli, iniziato il 15 maggio 1837, fu il primo di una nave del Lloyd. Nello stesso anno il governo austriaco concluse con la compagnia armatrice un accordo sul servizio postale. Gli eventi successivi si sposano in pieno con il motto del Lloyd, «Avanti». Nel corso della sua esistenza, durata 78 anni, il **Lloyd austriaco** *divenne la più importante compagnia di navigazione del Mediterraneo orientale. Le sue 232 imbarcazioni, con un volume lordo complessivo di 400.000 tonnellate di stazza circa, coprirono più di 100 milioni di miglia nautiche trasportando 21,5 milioni di passeggeri e merce per 37,5 milioni di tonnellate. Non bisogna però dimenticare che il successo economico del Lloyd fu conquistato a spese dei tanti marinai, dei portuali e dei magazzinieri che si dovevano accontentare di un salario misero. La fine del Lloyd austriaco, così come quella dell'altra importante compagnia di navigazione austriaca, la Austro-Americana, fu decretata dal crollo dell'Impero austroungarico. Dopo il 1918 le navi rimaste viaggiarono per conto del Lloyd triestino e della Consolich. Il Lloyd triestino, subentrato al Lloyd austriaco dopo la Grande Guerra, ne replicò i successi a partire dal 1930: la*

na, unter. Nach 1918 fuhren die verbliebenen Schiffe für den Lloyd Triestino und die Consolich Linie. Seit 1930 konnte der Lloyd Triestino an die Erfolgsgeschichte vor dem Ersten Weltkrieg anschließen. 45 Dampfschiffe fuhren auf 14 Linien bis in den fernen Osten und nach Afrika. Heute befördert die 1951 neu gegründete Reederei Österreichischer Lloyd, die ihren Sitz in Wien hat, Container.

sua flotta contava 45 piroscafi che viaggiavano su 14 linee arrivando fino in Estremo Oriente. La Compagnia armatrice Reederei Österreichischer Lloyd con sede a Vienna, rifondata nel 1951, si occupa oggi del trasporto di container.

Triest, noch immer 11. Januar 1900
Von der Mole San Carlo ins Café Oriental

Vor ein paar Stunden hat die »India« des Österreichischen Lloyd an der Mole San Carlo angelegt. Die Passagiere haben sich längst verlaufen, nur mehr Fässer, Ballen und Kisten sind auf der Mole verblieben und ein verliebtes Pärchen – bis ihnen eine kräftige Gischtwelle statt Liebesglück nasse Füße bescherte. Die tückischen Windböen vertrieben auch uns ins Café Oriental, es ist im Lloydpalast gelegen. Bei einem türkischen Mokka und einer ägyptische Zigarette erwachen Erinnerungen an unsere morgenländische Reise. Lese in einer Zeitung, daß schon wieder viele Auswanderer aus Österreich-Ungarn ihr Glück in Amerika suchen. Sie verlassen ihre Heimat regelmäßig per Schiff über Triest. Ich würde Österreich nie verlassen. Muß an der Rezeption noch den Dienstmann für unser Gepäck bestellen, es geht schon früh zur Bahn Richtung Wien. Der neue Bahnhof von Triest ist sehr elegant.

Trieste, ancora 11 gennaio 1900
Dal molo di S. Carlo al Café Oriental

Poche ore fa l'India del Lloyd austriaco ha attraccato al molo di S. Carlo. I passeggeri sono sbarcati da tempo e sul molo sono rimasti soltanto botti, balle e casse, nonché una coppietta di innamorati in cerca di qualche momento di felicità, che però se ne va quando una forte ondata spumosa le bagna i piedi. Anche noi, di fronte alle infide raffiche di vento, cerchiamo riparo al Café Oriental, nel palazzo del Lloyd. Un caffè turco e una sigaretta egiziana rievocano il nostro viaggio in Oriente. Leggo su un giornale che vi è stata un'altra ondata di emigrazione dall'Austria verso l'America. Questi emigrati in cerca di fortuna lasciano il paese imbarcandosi a Trieste. Io non lascerei mai l'Austria. Devo ricordarmi di prenotare un facchino per i nostri bagagli alla reception dell'albergo, dato che domani si parte per Vienna di buon'ora. La nuova stazione ferroviaria di Trieste è molto elegante.

Südbahn, 12. Januar 1900
Adieu ihr Gestade des Meeres

Ein letzter Blick zurück aus dem Fenster des Zuges: Wie ein glänzendes Perltuch breitet sich die Adria aus, die heute ihren Beinamen »die Blaue« mit Recht trägt. Adieu ihr stolzen Lloyd-Dampfer und ihr Fischerboote mit den flatternden Segeln, auch die Stadt Triest verschwindet langsam im bläulichen Dunst. Eben sind es die Dampfwolken der Lokomotive, bald jedoch werden schneebedeckte Berge den Blick in die Ferne verstellen. Kommod haben wir es heute schon durch die Eisenbahn, in etwas mehr als 12 Stunden von Wien nach Triest! Unser Kaiser eröffnete am 27. Juli 1857 persönlich diese Linie der k.u.k. privilegierten Südbahngesellschaft.

Hab im Speisewagen mit Elvira auf unsere gelungene Orientreise angestoßen, der prickelnde Champagner in den funkelnden Gläsern wurde diesem erfreulichen Anlaß durchaus gerecht. Freu mich nach der langen Fahrt durch den öden Karst schon auf die Strecke über den Semmering. Mit dieser imposanten Bergtrasse hat ihr Erbauer, Carl Ritter von Ghega, einen wahren eisenbahntechnischen Meilenstein gesetzt. Die Ausblicke auf die bewaldete Landschaft fesseln immer aufs neue, sie lassen sogar Meereswellen verblassen. Noch wenige Stunden und unsere bewegte Reise ins Morgenland wird am Wiener Südbahnhof enden – zu schade.

In treno, 12 gennaio 1900
Addio, dolci lidi!

Dal finestrino del treno, lancio un ultimo sguardo sull'Adriatico, che giace come una lucente distesa di perle e oggi porta a pieno titolo il suo epiteto «die Blaue» (azzurro). Addio, fieri piroscafi del Lloyd, addio pescherecci con le vele scosse dal vento! Anche la città di Trieste svanisce lentamente, inghiottita dalla caligine azzurra. In questo momento gli sbuffi di vapore della locomotiva ci impediscono di vedere lontano, ma ben presto a bloccarci la visuale saranno le montagne nevose. Certo la ferrovia è un mezzo di trasporto comodissimo. Da Vienna si arriva a Trieste in poco più di 12 ore! La linea su cui viaggiamo, dell'imperialregia Privilegierte Südbahngesellschaft, *è stata inaugurata dal nostro imperatore in persona, il 27 luglio 1857. Nel vagone ristorante ho brindato con Elvira alla riuscita del nostro viaggio e lo champagne che spumeggiava nei bicchieri scintillanti era senz'altro all'altezza dell'occasione. Dopo il viaggio tedioso attraverso il Carso, non vedo l'ora di affrontare il tratto del Semmering. La costruzione di questo percorso in montagna, ad opera di Carl Ritter von Ghega, rappresenta una pietra miliare nella storia dell'ingegneria ferroviaria. La vista che si gode sul paesaggio boscoso man mano che il treno avanza non manca mai di affascinare l'osservatore e fa svanire persino il ricordo del mare. Mancano poche ore all'arrivo alla stazione* Südbahnhof *di Vienna, dove si concluderà il nostro viaggio in Oriente. Un vero peccato.*

Im Speisewagen über den Semmering

Vagone ristorante sul tratto del Semmering

Mit Wehmut gedenk ich ...

Wien, 8. März 1900
Die Schätze des Orients

Orientalen sind wendige Händler und ein Strom kaufwütiger Touristen hat ihnen alte Teppiche und Dolche, Stoffe, Münzen und Geschmeide fast aus den Händen gerissen. Doch Vorsicht ist geboten in den Basaren von Konstantinopel, Kairo, Damaskus und Jerusalem. Nicht selten entpuppt sich das angepriesene Stück aus Harun al Raschids Zeit zu Hause nämlich als falsche Antiquität, oft auch als billiger Ramsch aus europäischen Fabriken. So stammen die bauchigen Glasflaschen der Wasserpfeifen oft aus Böhmen, die überschwenglich angepriesene alte »Damaszener« Klinge ist nicht selten österreichischer oder deutscher Produktion.

Ob auch ich Opfer meiner Jagdgier nach den Schätzen des Orients wurde?

Wien, 22. Mai 1900
Ein Bild sagt mehr als 1.000 Worte

Echt sind jedenfalls die großformatigen Photographien, die wir vom Wiener Ansichtskartenverleger Max Lichtenstern in Kairo erwarben. Die Bilder stammen von berühmten Photographen, Sébah, Bonfils, Zangaki, Abdullah Fréres, auch ein Österreicher ist darunter, Paul Diettrich. Hab die dünnen Bilder vom Buchbinder aufziehen und zu einem Album binden lassen. Auf dem ledernen Rükken steht in goldenen Lettern »Eine Orientreise um 1900«. Wir sind ganz stolz, darin

Ricordi malinconici

Vienna, 8 marzo 1900
Tesori d'Oriente

Gli orientali sono abili commercianti, cui una fiumana di turisti smaniosi di fare acquisti a momenti strappa di mano la mercanzia: vecchi tappeti e pugnali, stoffe, monete e gioie. Ma occorre essere guardinghi, nei bazar di Costantinopoli, del Cairo, di Damasco e di Gerusalemme. Non di rado, il presunto pezzo d'antichità dell'epoca di Harun al-Rashid, magnificato dal mercante, all'arrivo a casa si rivela un falso oppure merce scadente prodotta in una fabbrica europea. Ad esempio, le bottiglie tondeggianti dei narghilè sovente provengono dalla Boemia e non sono rare le volte in cui una supposta lama «damascena», decantata con enfasi, risulta essere di produzione tedesca o austriaca. Non sarà che anch'io, nella foga della caccia ai tesori d'Oriente, mi sono lasciato raggirare?

Vienna, 22 maggio 1900
Un'immagine dice più di mille parole

Ad ogni modo, sono sicuramente autentiche le fotografie in formato grande che abbiamo acquistato da Max Lichtenstern, un editore di cartoline illustrate del Cairo. Le immagini sono state scattate da fotografi famosi: Sébah, Bonfils, Zangaki, Abdullah Frères e anche da un austriaco, Paul Diettrich. Ho dato ordine a una legatoria di rinforzare le stampe, piuttosto sottili, e di farne un album rilegato, il cui dorso di cuoio riporta la scritta dorata «Un viaggio in Oriente agli albori del Novecento». Esibire ai nostri ami-

Wasserpfeife

Narghilè

Ausgestopftes Krokodil
Coccodrillo imbalsamato

Touristenbilder aus einem Wiener Atelier
Fotografie scattate in un atelier di Vienna

unseren Freunden die besichtigten Orte zu zeigen und die bunten Kofferaufkleber von Hotels und Schiffen. Erstaunen rufen auch die vielen Bezüge Österreichs zum Morgenlande hervor. Großes Hallo gibt es stets beim Bild von Elvira und mir, in der Kleidung von Einheimischen aus Palästina. Den Kindern gefallen die bunten orientalischen Ansichtskarten. Sie blättern oft im hübschen Album, in dem die Karten stecken, und dann gibt es immer unzählige Fragen. Begeistert sind sie auch von den bunten Leporellos von Bosporus und Nil, die sie mit ihren Spielzeugschiffchen befahren. Elvira bevorzugt das Fotoalbum aus dem Heiligen Land, mit den Olivenholzdeckeln und den eingekerbten Kreuzen.

Reisefotografie war ursprünglich ein mühseliges Unterfangen. Eine ganze Karawane musste mit hölzernen Plattenkameras samt Objektiven, sperrigen Stativen, empfindlichen Glasplatten, giftigen Chemikalien und einem schwarzen Zelt für die Entwicklung beladen werden, dazu Träger, Helfer – und der Erfolg war keineswegs gewiss. Am Weg zur abzulichtenden Sehenswürdigkeit wurde viel Schweiß vergossen und er war gepflastert mit den Scherben unzähliger fotografischer Glasplatten. Der Amateurfotografie verhalf die erste Schnappschusskamera, die 1900 eingeführte Kodak Box Brownie, die einen Dollar kostete, zum Durchbruch. Reisende erwarben daher ihre bildlichen Erinnerungen in den Ateliers der zahlreichen europäischen oder levantinischen Fotografen, die immer eine große Auswahl bereithielten. Sie ließen die

ci le immagini dei luoghi che abbiamo visitato, e gli adesivi colorati per i bagagli con cui alberghi e navi si fanno pubblicità, ci riempie d'orgoglio. Suscitano sempre un certo stupore i tanti legami tra l'Austria e le terre del Levante. Per non parlare poi del clamore provocato dalla fotografia che ritrae me ed Elvira in costume palestinese! Ai bambini piacciono le cartoline illustrate colorate e spesso sfogliano il bell'album in cui sono raccolte, ponendo un'infinità di domande, oppure si lasciano incantare dagli album a fisarmonica con le immagini del Bosforo e del Nilo, sulle quali si divertono a far andare le loro barchette. Elvira invece preferisce l'album delle fotografie della Terra Santa, con le copertine in legno di ulivo e le croci incise.

La **fotografia di viaggio**, agli inizi, era un'impresa faticosa. Occorreva un'intera carovana per trasportare le fotocamere a lastra, fatte di legno, compresi gli obiettivi, i treppiedi, le lastre di vetro e le sostanze chimiche tossiche, nonché una tenda nera per lo sviluppo e in più occorrevano portatori e aiutanti – e il successo era tutt'altro che scontato. Per raggiungere il soggetto da fotografare c'era da faticare e il cammino, man mano che la carovana avanzava, si cospargeva dei cocci di vetro di innumerevoli lastre fotografiche. Soltanto nel 1900, con l'introduzione della prima fotocamera per istantanee, la Kodak Box Brownie, messa in vendita al prezzo di un dollaro, si affermò la fotografia amatoriale. Dunque, i viaggiatori solevano acquistare le loro foto ricordo negli atelier dei numerosi fotografi europei e levantini, che ne avevano sempre in serbo una grande quantità. Tornati in patria, portavano le stampe in lega-

dünnen Bildfolien dann zu Hause von ihrem Buchbinder aufziehen und zu gewichtigen Alben binden. Die ersten Ateliers in der Levante eröffneten in Konstantinopel schon 1850, nur elf Jahre nach der Erfindung der Fotografie durch Louis Jacques Mandé Daguerres. Die berühmtesten Ateliers im Orient waren Lehnert & Landrock, Rudolf Lehnert stammte aus Böhmen. Wesentlich billiger war es allerdings, statt Fotografien Ansichtskarten zu sammeln. Die gab es von nahezu jedem, auch noch so unbedeutenden Ort der Welt.

Wien, 2. Juni 1900
Von Krokodilen und Götterstatuen

Georg hat das ausgestopfte Krokodil in Beschlag genommen, seine Kameraden aus der Schule neiden es ihm sehr. Marie-Theres gleicht – in das ägyptische Tuch gewickelt, umgehängt die Kette mit den farbigen Steinen – einer orientalischen Prinzessin, entzükkend! Sie will auch mit den ägyptischen Götterstatuetten spielen, was ich ihr jedoch nicht gestatte. Ob die wohl echt sind? Die Kinder sind noch immer enttäuscht, daß wir keine Mumie mitgebracht habe. Die Steine von den Pyramiden sind ihnen etwas unheimlich.

Wien, 8. September 1900
Zigarettenschachteln

Endlich, unser Orientsalon ist beinahe fertig, in einer Woche kommen die ersten Gäste. Die

toria, per far rinforzare i sottili fogli e per farli rilegare in grossi album. I primissimi atelier del Levante furono aperti a Costantinopoli già nel 1850, non più di 11 anni dopo l'invenzione della fotografia da parte di Daguerre. Gli atelier più rinomati erano quelli di Lehnert & Landrock – Rudolf Lehnert era originario della Boemia. Comprando delle semplici cartoline illustrate invece di vere e proprie stampe fotografiche, si spendeva molto meno. Infatti, le cartoline erano diffusissime: erano pochi i luoghi del mondo di cui non esisteva una cartolina illustrata.

Vienna, 2 giugno 1900
Coccodrilli e statue divine

Georg ha preso possesso del coccodrillo imbalsamato, che i compagni di scuola gli invidiano assai. Marie-Theres, invece, avvolta nel tessuto egiziano e con indosso la collana di pietre colorate, assomiglia a una principessa orientale: un vero incanto! La piccola vorrebbe anche giocare con le statuette che raffigurano deità egizie, ma io non gliene do il permesso. Saranno autentiche? Nei bambini è ancora viva la delusione perché non abbiamo portato una mummia dal nostro viaggio in Egitto. Le pietre delle piramidi li inquietano un po'.

Vienna, 8 settembre 1900
Scatole di sigarette

Finalmente, il nostro salotto orientale è quasi pronto, aspettiamo i primi ospiti di qui a una set-

Koranständer

Leggio per il Corano

Paravent
Paravento

Zigarettenschachteln
Confezioni di sigarette

Teppiche hat seinerzeit Papa angekauft, nachdem er die Weltausstellung in Wien besucht hat. Damals hat er auch zwei orientalische Tischchen mit Einlegearbeiten erworben. Dazu unser Koranständer aus Damaskus, die bosnische Wasserpfeife von Onkel Ferdinand samt Kaffeeservice und Besteck, nicht zu vergessen den Fez. Hübsch machen sich auch die Zigarettenschachteln mit den morgenländischen Motiven am Deckel, Nil oder Régie des Tabacs de l'Empire Ottoman steht darauf geschrieben. Elvira liebt die osmanischen Badesandalen, die bestickten Handtücher und das türkische Jäckchen einer Haremsdame.

Wien, 11. September 1900
Haremsphantasien

Hab noch zwei Wiener Bronzefigürchen erworben, einen Mohren und eine Haremsdame und von der Manufaktur Goldscheider die Keramikbüste einer dunklen Schönen. Diwan und Polsterstühle hat Haas & Söhne mit einem teppichgemusterten Stoff überzogen, dazu Brokatvorhänge die unserem Orientsalon eine schwülstige Atmosphäre verleihen. Jetzt fehlt nur noch die Bauchtänzerin – Elvira hat sich geweigert. Die glasbemalte morgenländische Ampel stammt von Lobmeyer, in Ägypten hätten wir ein antikes Stück wohl billiger bekommen. Dr. K. hat mir aus seiner Sammlung eine Eckvitrine und einen Paravent im orientalischen Stil überlassen, hübsch sind die gedrechselten Gitter. Solche Möbel werden heute nach morgenländischem Vorbild auch

timana. I tappeti sono quelli acquistati da mio padre all'Esposizione universale di Vienna, assieme a due tavolini orientali intarsiati. A ciò si aggiungono il leggio per il corano che abbiamo comprato a Damasco, il narghilè bosniaco dello zio Ferdinand, corredato del servizio da caffè e delle posate, e naturalmente il fez. Sono graziose poi le scatole di sigarette con i coperchi ornati di motivi levantini: recano le scritte Nil *oppure* Régie des Tabacs de l'Empire Ottoman. *Elvira adora i sandali da bagno ottomani, gli asciugamani ricamati e la giacchetta da donna dell'harem portata dalla Turchia.*

Vienna, 11 settembre 1900
Fantasie da Mille e una notte

A Vienna ho comprato altre due statuine di bronzo raffiguranti un moro e una donna dell'harem, e anche un busto di una bellezza bruna in ceramica, della manifattura Goldscheider. La ditta Haas & Söhne ha rivestito il divano e le poltrone con una tappezzeria che richiama il disegno di un tappeto e le tende sono di un broccato pesante, che dona un'atmosfera fastosa al nostro salotto orientale. Una danzatrice del ventre completerebbe il quadro, ma Elvira si rifiuta di impersonare questo ruolo. La lampada di vetro orientale ci è stata fornita da Lobmeyer – probabilmente, avremmo speso meno denaro comprando un analogo oggetto antico in Egitto. Il dott. K. mi ha ceduto una vetrina ad angolo e un paravento in stile orientale che facevano parte della sua collezione: sono particolarmente belle le grate tornite. Anche

Haremsphantasie von Franz Hanfstaengl

Fantasie da Mille e una notte di Franz Hanfstaengl

von Wiener Tischlern gefertigt, sogar mit arabischen Inschriften – die sehen allerdings etwas wackelig aus. Im Salon N. hab ich noch zwei Bilder erworben, eine Haremsszene und ein Bosnienbild mit einer Moschee. Möchte wissen, woher die Maler ihre ausschweifenden Vorstellungen von orientalischen Harems nehmen, betreten haben sie einen solchen mit Sicherheit nicht – also alles nur Phantasiegebilde. Muß beim Apotheker noch Weihrauch und Myrrhe kaufen, dann ist der exotische Eindruck unseres Orientsalons perfekt – unsere Gäste werden staunen!

11. September 1900 – **Haremsphantasien**, 11. September 2001 – **Terrorangst**, hat sich der westlich Blick auf den Orient so verändert? Gestern wie heute weckt das »Morgenland« Emotionen, die genährt werden, nicht nur von westlichen Wertvorstellungen, sondern auch von bewährten Vorurteilen und mangelndem Wissen über Gesellschaftsordnung, Kultur, Geschichte und Religion islamischer Länder. Übersehen wird, wie sehr Orient und Okzident einander vielfach bedingen, vergessen ist »ex oriente lux«, dass aus dem Osten auch jenes Licht kam, das den Westen bis heute erleuchtet. Und da sei keineswegs nur an das Christentum gedacht.

Wien, 1. Oktober 1900
In unserem Orientzimmer träumend

Vor einem Jahr hat unsere Orientreise begonnen. Blättere mit Elvira im Reisealbum und

i falegnami viennesi oggigiorno si cimentano nella produzione di simili mobili, seguendo il modello orientale, e li guarniscono persino con scritte arabe, che però hanno un'aria leggermente sbilenca. Al Salone N. ho comprato due dipinti – una scena di un harem e un quadro bosniaco con una moschea. Sarei curioso di sapere da dove i pittori traevano l'ispirazione per le loro rappresentazioni della vita dissoluta negli harem: sicuramente non avevano mai messo piede in un simile luogo, dunque suppongo che quelle immagini siano il prodotto della loro fantasia. Devo ancora procurarmi dell'incenso e della mirra in farmacia per perfezionare l'atmosfera esotica del nostro salotto orientale. Gli ospiti rimarranno a bocca aperta!

*11 settembre 1900 – **Fantasie da Mille e una notte**, 11 settembre 2001 – **L'incubo del terrorismo**. Lo sguardo occidentale sull'Oriente è davvero cambiato in questo modo? Ieri come oggi, il Levante suscita emozioni che non si nutrono soltanto dei valori occidentali ma anche di pregiudizi consolidati e della scarsa conoscenza di ordinamento sociale, cultura, storia e religione del mondo islamico. Non si considera la correlazione tra Oriente e Occidente, il motto ex oriente lux è stato dimenticato: ci si è scordati che nasce ad est la luce che fino ad oggi illumina l'ovest – e non parliamo soltanto del Cristianesimo.*

Vienna, 2 ottobre 1900
Sognando nel nostro salone orientale

Il nostro viaggio in Oriente è iniziato esattamente un anno fa. Con Elvira sfogliamo gli opuscoli

Orientalin in Ton

Donna orientale, statuetta in argilla

Bosnisches Besteck
Posate bosniache

in den Reiseprospekten, wir betrachten die mitgebrachten Ansichtskarten und Photographien – erstaunlich, wie wenig Orient wir eigentlich sahen. Ja, da waren verschleierte Frauen und malerische Dragomane, laszive Bauchtänzerinnen, morgenländisch gekleidete Kellner in Speisesälen im altägyptischen Stil. Wir haben vom Baedeker besternte Moscheen besichtigt, sind durch Basare gepilgert und haben die Pyramiden bestiegen. Zumeist lebten wir jedoch in einer vertrauten Welt, in eleganten Hotels und auf Dampfschiffen europäischer Compagnien, in den westlichen Vierteln levantinischer Städte, umgeben von Menschen mit denen wir französisch, englisch oder deutsch über den Orient parlierten und unsere Reiseabenteuer mit französischem Champagner aus böhmischen Gläsern begossen. »Ex oriente lux« – ist uns das vom Orient geblieben? Zurückgekehrt träumen wir im »morgenländischen« Zimmer von einem imaginären Orient, von Bildern, die den sehnsuchtsvollen Phantasien des Abendlandes entspringen, von einer Welt aus Tausend und einer Nacht, mit Ali Baba und den vierzig Räubern, Aladins Wunderlampe und Sindbad dem Seefahrer. Und es stellt sich die Frage: Wollten wir den wahren Orient wirklich entdecken?

e l'album che documenta la nostra avventura e riprendiamo in mano le cartoline postali e le fotografie di quei luoghi lontani. A pensarci bene, è stupefacente quanto poco dell'Oriente siamo riusciti a vedere. Sì, certo, vi erano donne col velo, pittoreschi dragomanni, danzatrici del ventre lascive, camerieri bardati alla maniera orientale che si muovevano in sale da pranzo arredate in stile egizio. Abbiamo visitato le moschee contrassegnate con gli asterischi sulla guida Baedeker, abbiamo vagato per i bazar e siamo saliti sulle piramidi. Pur tuttavia, abbiamo passato gran parte del nostro tempo all'interno di un mondo che ci era familiare – gli alberghi eleganti e le navi delle compagnie europee, i quartieri occidentali delle città levantine – in compagnia di persone con cui chiacchieravamo amabilmente, in francese, inglese o tedesco, discorrendo dell'Oriente che stava perdendo le sue attrattive, brindando alle nostre avventure di viaggio con coppe di cristallo boemo colme di champagne. Ex oriente lux – è tutta qua l'eredità dell'Oriente? Tornati a casa, adagiati nelle nostre stanze «orientali» vagheggiamo un Oriente immaginario, scenari scaturiti dalla fantasia nostalgica dell'Occidente, il mondo delle Mille e una notte *con Ali Babà e i quaranta ladroni, la lampada di Aladino e Sindbad il Marinaio. E sorge il dubbio: abbiamo veramente voluto conoscere l'Oriente?*

Gebetsteppich
Tappeto da preghiera

Ansichtskartenalbum
Album di cartoline illustrate

ORIENT ALL INCLUSIVE

Mostar

Mostar. Römerbrücke mit Hum. МОСТАР.

Sarajevo — Rathaus / Gradska vijećnica.

Sarajevo

ORIENT ALL INCLUSIVE

Orient all inclusive

ORIENT ALL INCLUSIVE

Constantinople

Constantinople

ORIENT ALL INCLUSIVE

Rue di Pera

Constantinople

ORIENT ALL INCLUSIVE

Pera Palace Hotel

Constantinoples
Der Große Bazar

ORIENT ALL INCLUSIVE

Constantinople

Salut de Constantinople. Derviches tourneurs.

Constantinople

ORIENT ALL INCLUSIVE

159

Sommerresidenz des k.u.k. Botschafters

Residenza estiva del console austroungarico

Sankt-Georgs-Kolleg

Wiener Bankverein

Le Stationnaire Autrichien "Taurus", Constantinople.   Photogr. Sébah & Joaillier.

Constantinople

ORIENT ALL INCLUSIVE

Bosporus

Bosforo

Bosporus

ORIENT ALL INCLUSIVE

Smyrne

Trieste

ORIENT ALL INCLUSIVE

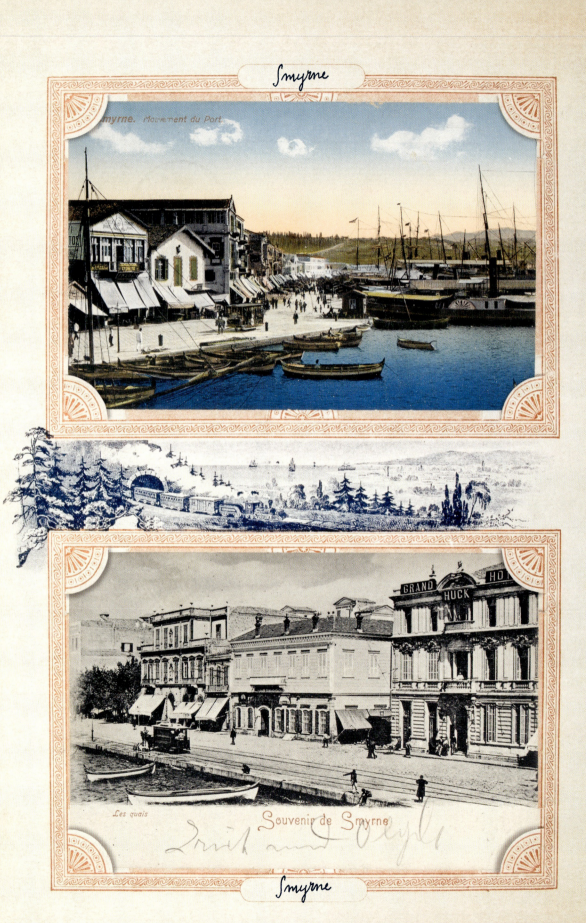

ORIENT ALL INCLUSIVE

Smyrne

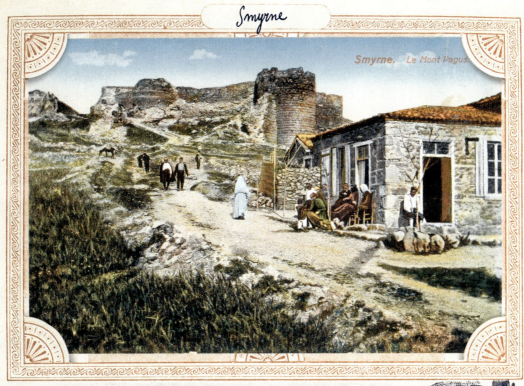

Ephése

ORIENT ALL INCLUSIVE

Orient all inclusive

Mt. Liban

Viaduc de Khan-Mourad Mt Liban

8 Balbek - L'Acropole-Balbek - The Acropolis

Balbek

ORIENT ALL INCLUSIVE

Damas

DAMAS. — La Grande Station du Hidjaz.   Edition Soubhi S. et Munir Aïta. — Dam...

Damas   Bazar du Hamidié

Damas

Damas

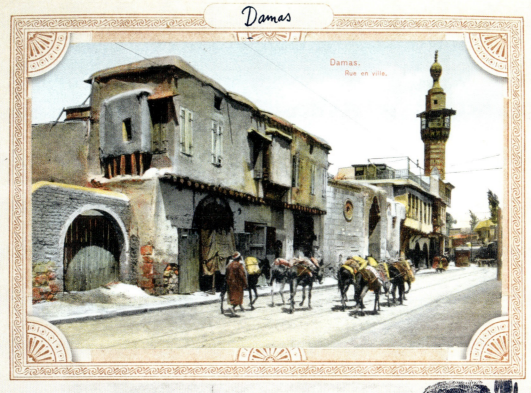

Damas.
Rue en ville.

Damas.
Hôtel Victoria.

Damas

k. k. Postboot

Postale austriaco

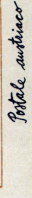

k. k. Postamt in Jaffa

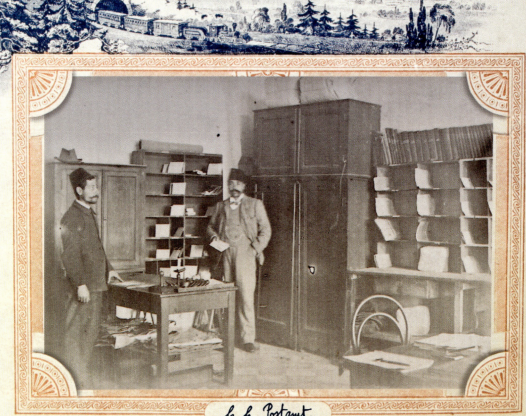

Ufficio postale austriaco a Giaffa

k. k. Postamt in Jaffa

Ufficio postale a Giaffa

k. k. Postamt in Jaffa

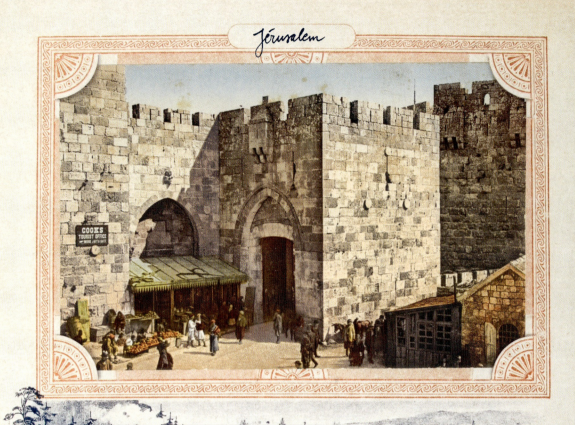

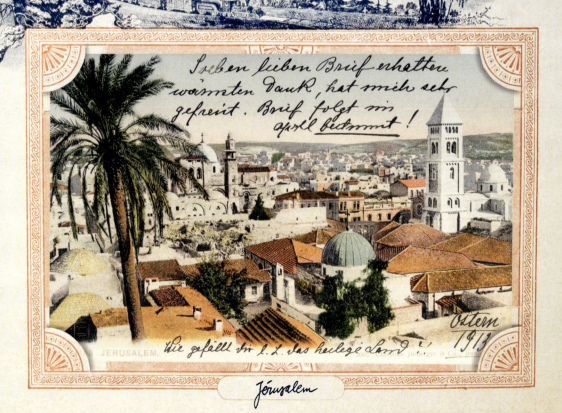

Jérusalem

Jérusalem. Entrée de Jérusalem.

Jérusalem

ORIENT ALL INCLUSIVE

Jérusalem Pilger

Pellegrini diretti a Gerusalemme

174

Pellegrini austriaci

Österreichische Pilger

ORIENT ALL INCLUSIVE

Pilgermusik

Pellegrini austriaci

Sul tetto dell'ospizio austriaco

Auf dem Dach des österr. Hospizes

Der König von Jerusalem

Il Re di Gerusalemme

Österreichisches Hospiz

ospizio austriaco

ORIENT ALL INCLUSIVE

Jerusalem

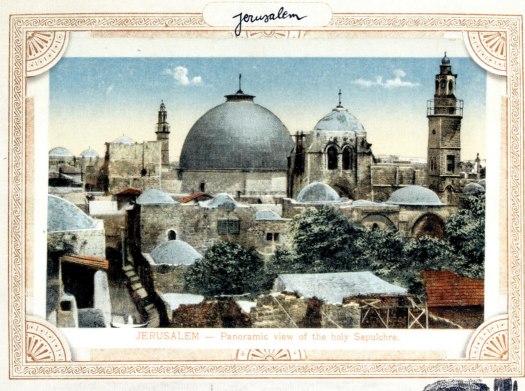

JERUSALEM — Panoramic view of the holy Sepulchre.

JERUSALEM - I Station dans la caserne.
First Station of The Cross.
Erste Kreuzes Statins.

Jerusalem

k. u. k. Konsulat in Jerusalem

Imperialregio consolato a Gerusalemme

k. u. k. Konsulat in Jerusalem

Konsul Zepharovich im Hospiz
Il console Zepharovich all'ospizio

Residenza del console

Residenz des Konsuls

Tiberias

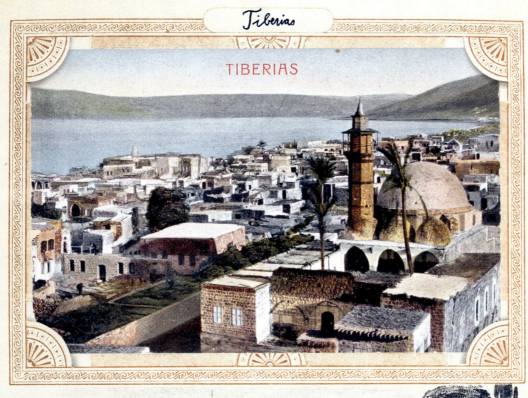

TIBERIAS

Jericho

ORIENT ALL INCLUSIVE

Quai Empereur François Joseph

Port Said

ORIENT ALL INCLUSIVE

Suez Canal

PORT-SAID — The Port

Suez Canal

ORIENT ALL INCLUSIVE

Alexandrie — Vue générale.

ALEXANDRIE — Le Port

Alexandrie

ORIENT ALL INCLUSIVE

Alexandrie

Le Grand Escalier
New-Khedivial Hotel
ALEXANDRIE, Egypte — P. Reinsperger, Dir.

Salle des Fêtes.

ALEXANDRIE
Rue Chérif Pacha

Alexandrie

ORIENT ALL INCLUSIVE

Alexandrie

Alexandrie

Alexandria

55 ALEXANDRIA. — The Station — LL.

ALEXANDRIA-CAIRO EXPRESS.
EGYPTIAN STATE RAILWAYS.

Alexandria

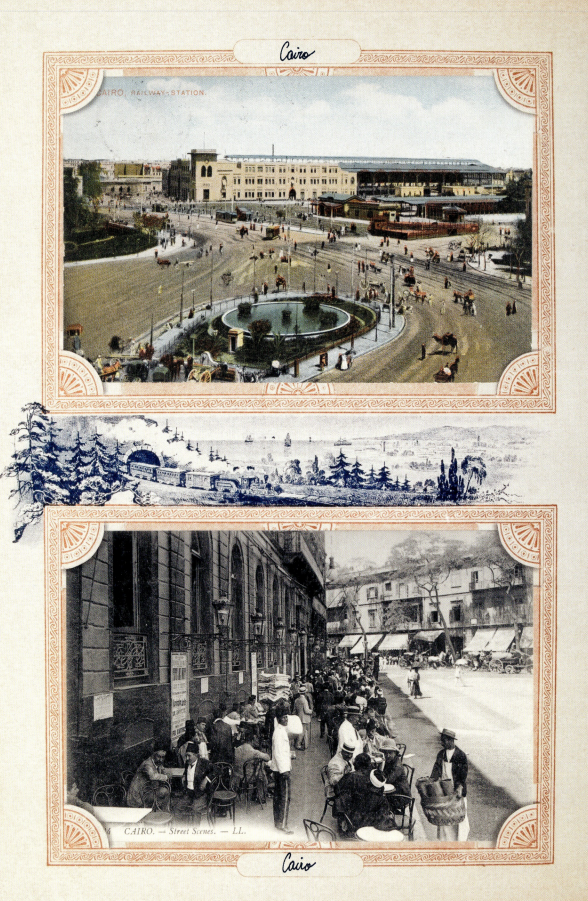

Cairo

53. - CAIRO. - Kamel street

HOUSE SQUARE, CAIRO.

Teatro dell'opera del Cairo

Opernhaus in Cairo

Orient all inclusive

Cairo

SHEPHEARD'S HOTEL - CAIRO

Shepheard's Hotel

Shepheard's Hotel

Ghezireh Palace Hotel

ORIENT ALL INCLUSIVE

Cairo

Cairo

ORIENT ALL INCLUSIVE

Kaufhaus Doro Stein

Negozio di abbigliamento Doro Stein

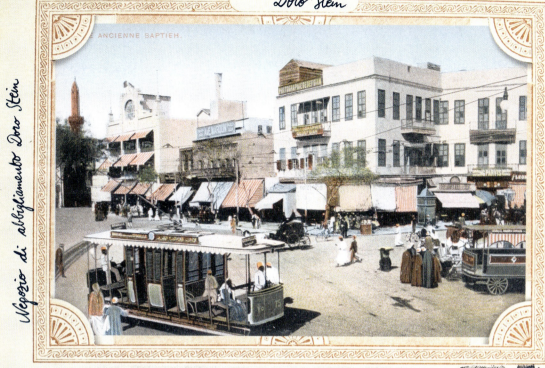
ANCIENNE SAPTIEH.

English Soldiers returning to Barracks after the departure of Lord Cromer.

Cairo

Pyramids

Napoléon Bonaparte

Orient all inclusive

Strauße

Le Caire Autruches à Matar...

195

Pyramids

ORIENT ALL INCLUSIVE

Touristendampfer

Vapore turistico

An Bord

A bordo

Orient all inclusive

ORIENT ALL INCLUSIVE

Ramses II.

Statue de Ramsès II. Memphis.

198

EGYPT. PHYLAE.

Phylae

ORIENT ALL INCLUSIVE

Louxor

LOUXOR, LANDING PLACE.

Dahabije

ORIENT ALL INCLUSIVE

Luxor Hotel

Gäste

Ospiti

ORIENT ALL INCLUSIVE

Assuan

29 ASSUAN. — Cataract Hotel — LL

Cataract Hotel

Österreichischer Lloyd

S. S. "WIEN"

Lloyd austriaco

An Bord

A bordo

ORIENT ALL INCLUSIVE

Österreichischer Lloyd

Lloyd austriaco

Trieste

ORIENT ALL INCLUSIVE

"Österreichischer Lloyd"

Lloyd austriaco

"Wien"

ORIENT ALL INCLUSIVE

Speisesaal „Wien"

Sala da pranzo

Interno

Intérieur

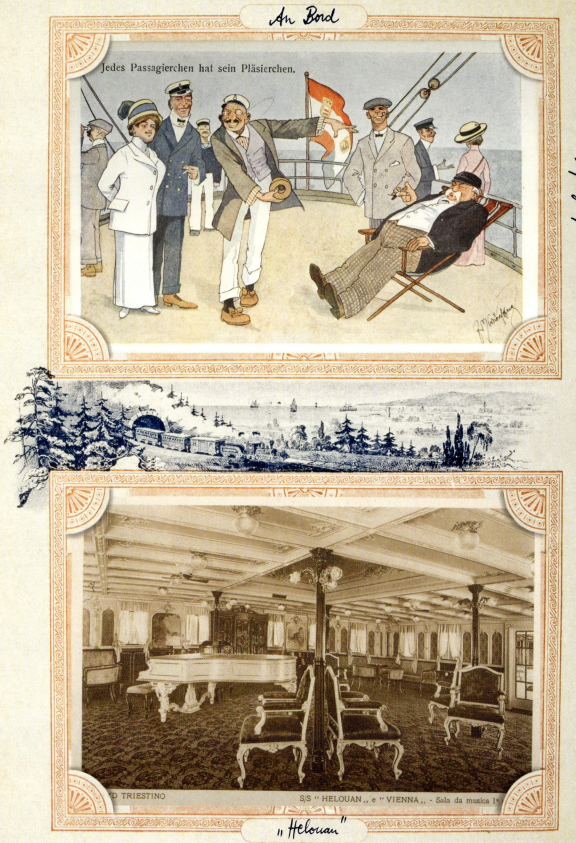

"Helouan"

à bord

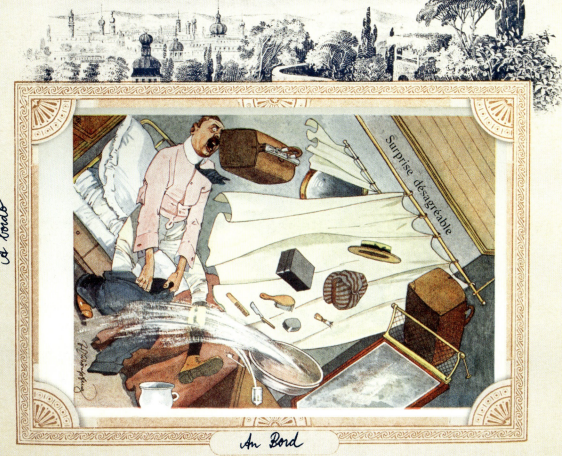

An Bord

Trieste

Molo San Carlo.

de la Ville, Triest.

Hotel de la Ville

Trieste

Trieste - Stazione Centrale.

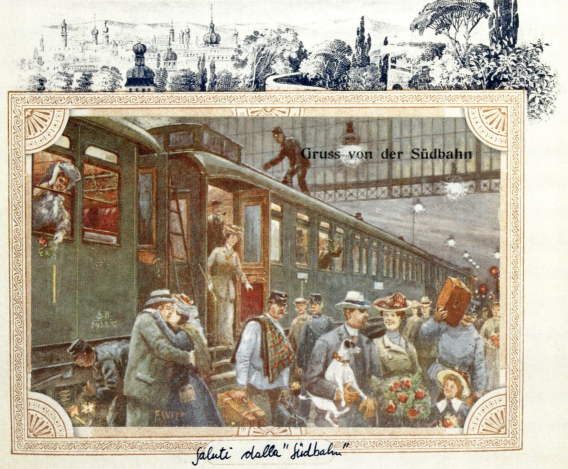

Gruss von der Südbahn

Saluti dalla "Südbahn"

ORIENT ALL INCLUSIVE

Zeittafel

Ende des 13. Jahrhunderts: Gründung des Osmanischen Reiches durch Sultan Osman I.
1273/1278 Gründung des Habsburgischen Reiches durch Rudolf I.
1453 Eroberung Konstantinopels durch den osmanischen Sultan Mehmet II. der Eroberer.
1529 Expansion des Osmanischen Reiches, erste Türkenbelagerung Wiens.
1574 Erste diplomatische Vertretung Österreichs an der »Hohen Pforte« in Konstantinopel.
1667 Gründung der 1. Orientalischen Handelskompagnie. Sie exportiert Eisenwaren und Tuche, kann ihre Tätigkeit bis Persien ausdehnen, geht aber 1683 in Konkurs.
1683 Zweite Türkenbelagerung Wiens. Beginnender Niedergang des Osmanischen Reiches.
1686–1717 Prinz Eugen von Savoyen erobert Ungarn und den Balkan bis Belgrad von den Osmanen zurück. Österreich wird zur Großmacht in Mittel- und Osteuropa.
1718 Frieden von Passarowitz zwischen Österreich und dem Osmanischen Reich. Österreich erhält Handelsprivilegien und das Recht, im Osmanischen Reich Konsuln zu ernennen.
1719 Gründung der 2. Orientalischen Handelskompagnie, auch dieser ist kein dauernder Erfolg beschieden.
1750 Erstes österreichisches Levante-Postamt in Konstantinopel. Bis zum Ersten Weltkrieg unterhielt die k.u.k. Post an 94 Orten des Osmanischen Reiches Postämter.
1754 Maria Theresia gründet in Wien eine Orientalische Akademie, später k.u.k. Konsularakademie, heute Diplomatische Akademie.
1784 Wolfgang Amadeus Mozart komponiert den »Türkischen Marsch« KV 331.
1785 Wolfgang Amadeus Mozart komponiert die Oper »Die Entführung aus dem Serail«.
1791 Endgültiger Friedensvertrag Österreichs mit dem Osmanischen Reich in Sistowa.
1825 Erste Dampfeisenbahn in England.
1827–1856 Der österreichische Orientalist Josef Freiherr von Hammer-Purgstall verfasst eine umfangreiche Geschichte des Osmanischen Reiches.
1830 Griechenland erkämpft die Unabhängigkeit vom Osmanischen Reich. Österreich bleibt neutral

Cronistoria

Alla fine del XIII secolo: Il sultano Osman I fonda l'Impero ottomano.
1273/1278 Rodolfo I fonda l'Impero asburgico.
1453 Il sultano ottomano Mehmet II detto il Conquistatore occupa Costantinopoli.
1529 L'Impero ottomano si espande, primo assedio turco alla città di Vienna.
1574 Per la prima volta, l'Austria nomina un proprio rappresentante diplomatico presso l'«Alta Porta» a Costantinopoli.
1667 Viene fondata la Erste Orientalische Handelskompagnie, che esporta ferramenta e tessuti e riesce a espandere il proprio raggio d'azione fino alla Persia, ma deve chiudere nel 1683.
1683 Secondo assedio turco alla città di Vienna; inizia il declino dell'Impero ottomano.
1686–1717 Il principe Eugenio di Savoia strappa al dominio degli ottomani l'Ungheria e la regione dei Balcani a nord di Belgrado; l'Austria diventa una grande potenza dell'Europa centrale e orientale.
1718 L'Austria e l'Impero ottomano firmano la Pace di Passarovic; l'Austria ottiene dei privilegi commerciali e il diritto di nominare consoli nell'Impero ottomano.
1719 Nasce la Zweite Orientalische Handelskompagnie, anch'essa destinata ad avere vita breve.
1750 Apre il primo ufficio postale austriaco del Levante a Costantinopoli; fino alla Prima guerra mondiale, le Poste austriache aprono proprie filiali complessivamente in 94 luoghi dell'Impero ottomano.
1754 L'imperatrice Maria Teresa fonda a Vienna un'Accademia orientale, la futura imperialregia Accademia consolare, oggi Accademia diplomatica.
1784 Wolfgang Amadeus Mozart compone la Marcia turca KV 331.
1785 Wolfgang Amadeus Mozart compone Il ratto dal Serraglio.
1791 Trattato di pace risolutivo tra Austria e Impero ottomano a Sistova.
1825 Entra in funzione la prima locomotiva a vapore in Inghilterra.
1827–1856 L'orientalista austriaco Josef Freiherr von Hammer-Purgstall redige una dettagliata storia dell'Impero ottomano.
1830 La Grecia ottiene l'indipendenza dall'Impero ottomano; l'Austria resta neutrale.
1833 Viene fondato il Lloyd austriaco a Trieste.

1833 Gründung des Österreichischen Lloyd in Triest.	**1837** Primo viaggio di linea di una nave del Lloyd da Trieste a Costantinopoli
1837 Erste Linienfahrt eines Lloydschiffes von Triest nach Konstantinopel.	**1837** Apre l'ufficio postale austriaco ad Alessandria d'Egitto.
1837 Österreichisches Postamt in Alexandria.	**1839** Esce la prima guida di Karl Baedeker.
1839 Erscheinen des ersten Reiseführers von Karl Baedeker.	**1841** Thomas Cook allestisce il suo primo viaggio organizzato.
1841 Thomas Cook veranstaltet seine erste Gesellschaftsreise.	**1846** Il trentino Luigi Negrelli inizia la progettazione del Canale di Suez.
1846 Der Trentiner Luigi Negrelli beginnt mit der Projektierung des Suezkanals.	**1848** Nomina di un viceconsole austriaco a Gerusalemme
1848 Österreichisches Vize-Konsulat in Jerusalem.	**1848** Aprono gli uffici postali austriaci di Smirne e Beirut.
1848 Österreichische Postämter in Smyrna und Beirut.	**1850** Si inaugura lo Shepheard's Hotel al Cairo.
1850 Eröffnung des Shepheard's Hotel in Kairo.	**1852** Inaugurazione della linea ferroviaria tra Alessandria d'Egitto e Il Cairo
1852 Eröffnung der Eisenbahnstrecke Alexandria–Kairo.	**1852** Lo zar russo Nicola I conia l'espressione «uomo malato d'Europa».
1852 Der russische Zar Nikolaus I. spricht erstmals vom »kranken Mann am Bosporus«.	**1853–1856** Guerra di Crimea; la Russia non riesce ad annientare l'Impero ottomano.
1853–1856 Krimkrieg, Russland gelingt es nicht, das Osmanische Reich zu zerschlagen.	**1854** Louis Vuitton apre la prima valigeria a Parigi.
1854 Louis Vuitton eröffnet sein erstes Koffergeschäft in Paris.	**1857** Luigi Negrelli è nominato ispettore generale dei lavori di costruzione del Canale di Suez dal kedivè egiziano, ma muore l'anno dopo.
1857 Luigi Negrelli wird vom Khediven zum Generalinspekteur der Kanalbauten in Ägypten ernannt, er stirbt jedoch ein Jahr später.	**1857** Inaugurazione della Südbahnlinie, la linea ferroviaria Vienna–Trieste, che offre collegamenti diretti giornalieri
1857 Südbahnlinie Wien–Triest wird eröffnet, täglich Direktverbindungen.	**1857–1859** La fregata austriaca Novara compie la gloriosa circumnavigazione del globo.
1857–1859 Weltumsegelung der österreichischen Fregatte Novara.	**1859** Apertura dell'ufficio postale austriaco di Gerusalemme
1859 Österreichisches Postamt in Jerusalem.	**1860** Il Lloyd austriaco pubblica guide turistiche dell'Egitto e della Turchia.
1860 Der Österreichische Lloyd gibt Reiseführer über Ägypten und die Türkei heraus.	**1863** Inaugurazione dell'ospizio austriaco Zur Heiligen Familie a Gerusalemme
1863 Einweihung des österreichischen Hospizes »Zur Heiligen Familie« in Jerusalem.	**1868** Thomas Cook inventa il buono soggiorno e il buono viaggio e organizza il suo primo viaggio in Egitto, gite sul Nilo comprese, posando la prima pietra di un impero turistico.
1869 Eröffnung des Suezkanals in Anwesenheit der französischen Kaiserin Eugenie und von Kaiser Franz Joseph, der zuvor das Heilige Land besucht hatte. Der Franzose Ferdinand de Lesseps wird als Erbauer des Kanals gefeiert, Negrelli scheint vergessen.	**1869** Inaugurazione del Canale di Suez in presenza dell'imperatrice francese Eugénie e dell'imperatore d'Austria Francesco Giuseppe, reduce da una visita in Terra Santa; il francese Ferdinand de Lesseps è celebrato come il costruttore del canale, Negrelli finisce nel dimenticatoio.
1868 Thomas Cook erfindet den Hotel- und Reisegutschein und veranstaltet seine ersten Ägyptenreisen samt Fahrten am Nil. Cook baut in Ägypten ein Tourismusimperium auf.	**1869** Johann Strauss compone la Egyptischer Marsch.
1869 Johann Strauss komponiert den Egyptischen Marsch.	**1872** Thomas Cook organizza un giro del mondo in 222 giorni.
1872 Thomas Cook veranstaltet eine 222-tägige Reise um die Erde.	**1873** L'Esposizione universale di Vienna viene concepita come finestra sull'Oriente; sull'area dell'esposizione si erigono una moschea e un palazzo orientale.
1873 Die Wiener Weltausstellung ist als Fenster zum Orient konzipiert, ein großartiger ägyptischer Moschee- und Palastkomplex wird im Ausstellungsgelände errichtet.	**1874** Prima dell'Aida di Giuseppe Verdi alla Hofoper di Vienna
1874 Erstaufführung von Giuseppe Verdis Aida an der Wiener Hofoper.	**1875–1918** Periodo di pubblicazione della rivista Österreichische Monatsschrift für den Orient
1875–1918 Herausgabe der Österreichische Monatsschrift für den Orient.	**1875** Esce la guida Baedeker della Palestina e della Siria, la prima dedicata alle terre d'Oriente; nel 1877 seguirà una guida del Basso Egitto.
1875 Erster Orient-Baedeker über Palästina und Syrien, 1877 folgt Unterägypten.	**1875** L'Impero ottomano dichiara la bancarotta di stato, le grandi potenze, tra cui anche l'Austria-Ungheria, dal 1878 in poi gestiranno il debito pubblico della Turchia.
1875 Staatsbankrott des Osmanischen Reiches, die Großmächte, darunter auch Österreich-Ungarn, verwalten ab 1878 die Staatsschulden der Türkei.	**1875** Giudici austriaci sono ammessi ai tribunali misti
1875 An den Gemischten Gerichtshöfen in Ägypten judizieren österreichische Richter.	

1876 Neuerlicher Versuch des Zarenreiches, das Osmanische Reich zu zerschlagen.
1878 Der Berliner Kongress weist russische Begehrlichkeiten ab. Serbien, Montenegro und Rumänien werden vom Osmanischen Reich unabhängig. Österreich-Ungarn erhält das Mandat, die osmanische Provinz Bosnien-Herzegowina zu besetzen.
1878 Der österreichischen Besatzungsarmee gelingt es erst nach verlustreichen Kämpfen das Land zu erobern. Beginn der österreichischen Verwaltung. Später bosnische Regimenter in der k.u.k. Armee.
1879 Staatsbankrott Ägyptens, internationale Verwaltung der Schulden ebenfalls unter österreichischer Beteiligung. Westliche Aktiengesellschaften bemächtigen sich der ägyptischen Wirtschaft. Auch zahlreiche Firmen aus der Monarchie sind erfolgreich.
1881 Der Wiener Slatin Pascha wird in englischen Diensten Provinzgouverneur im Sudan, 1883 Gefangennahme durch den Mahdi, nach seiner Flucht 1895 weltberühmt.
1881 Orientreise von Kronprinz Rudolf, er bringt ein Orientzimmer aus Ägypten mit.
1882 England besetzt Ägypten, der osmanische Sultan und der ägyptische Khedive sind machtlos; Herr im Land am Nil ist der englische Generalkonsul Lord Cromer.
1882 Panorama von Kairo im Wiener Prater, eine von vielen morgenländischen Attraktionen.
1882 Gründung des österreichischen Sankt-Georg-Kollegs in Konstantinopel samt Krankenhaus.
1883 Erste Fahrt des Orient Express von Paris ans Schwarze Meer.
1884 Große Teppichausstellung im k.u.k. österreichischen Handelsmuseum.
1887 Herausgabe der »Wiener Zeitschrift für die Kunde des Morgenlandes«.
1888 Die österreichische Postverwaltung entwirft für die k.u.k. Levantepostämter Briefmarken mit Piaster- und Parawerten samt dem Portrait von Kaiser Franz Joseph.
1888 Eröffnung des österreichischen Rudolf-Spitals in Kairo.
1889 Der Orient Express verbindet Paris mit Konstantinopel. Schlaf- und Speisewaggons der Internationalen Schlafwagengesellschaft verkehren in Europa, Asien und Afrika.
1889 Hagenbeck's Völkerschauen präsentieren ein Beduinenlager im Wiener Prater.
1891 Eröffnung des Hofmuseums in Wien mit großartiger ägyptischer Schausammlung.
1891 Travellers Cheques von American Express ermöglichen bargelloses Reisen.
1892 Der Österreicher Max Herz Pascha baut und leitet das Museum für islamische Kunst in Kairo.
1893 Eröffnung des Pera Palace Hotels in Konstantinopel für Reisende des Orient Express.
1895–1898 liefert das Wiener Münzamt 14,2 Millionen Maria-Theresien-Taler in den Orient. Im Ersten Weltkrieg bezahlen Lawrence von Arabien, wie sein österreichischer Gegenspieler Alois Musil, Beduinenkämpfer mit diesen begehrten Silbermünzen.
1898 Gründung des k.u.k. Archäologischen Insti-

---

dell'Egitto.
1876 Nuovo tentativo dello zar di annientare l'Impero ottomano
1878 Il Congresso di Berlino risponde picche alle ambizioni della Russia; Serbia, Montenegro e Romania ottengono l'indipendenza dall'Impero ottomano; l'Austria-Ungheria riceve il mandato di occupare le province ottomane della Bosnia e dell'Erzegovina.
1878 Al prezzo di numerose vite umane, l'esercito di occupazione austriaco riesce a conquistare le terre assegnate all'impero; inizia l'amministrazione austriaca; nascono i reggimenti bosniaci nell'esercito imperialregio.
1879 Bancarotta di stato in Egitto; viene istituita l'amministrazione internazionale del debito, sempre con la partecipazione dell'Austria; alcune società per azioni occidentali riescono ad impossessarsi dell'economia egiziana; forti guadagni anche per numerose ditte austriache.
1881 L'Inghilterra invia in Sudan Slatin Pascià, viennese, col titolo di governatore provinciale; nel 1883, Slatin è catturato dal mahdi, nel 1895 riesce a evadere dal carcere e diventa famoso in tutto il mondo.
1881 Viaggio in Oriente dell'erede al trono Rodolfo, che porta a casa dall'Egitto una camera orientale
1882 L'Inghilterra occupa l'Egitto, il sultano ottomano e il kedivè egiziano assistono impotenti agli eventi, il console generale Lord Cromer è il nuovo signore delle terre sul Nilo.
1882 Un panorama del Cairo è esposto al Prater di Vienna: si tratta di una delle tante attrazioni orientali.
1882 Fondazione dell'istituto austriaco Sankt-Georgs-Kolleg con ospedale annesso a Costantinopoli
1883 Primo viaggio dell'Orient Express da Parigi al Mar Nero
1884 Grande esposizione di tappeti all'imperialregio Österreichisches Handelsmuseum
1887 Esce la rivista Wiener Zeitschrift für die Kunde des Morgenlandes.
1888 Per le loro agenzie nel Levante, le Poste austriache emettono speciali francobolli con il valore in piastre e parà, raffiguranti l'imperatore Francesco Giuseppe.
1888 Inaugurazione dell'ospedale austriaco Rudolf-Spital al Cairo
1889 L'Orient Express da Parigi arriva fino a Costantinopoli; circolano in Europa, in Asia e in Africa le vetture letto e i vagoni ristorante della Società internazionale dei vagoni letto.
1889 La compagnia Hagenbeck's Völkerschauen mette in scena la rappresentazione di un campo di beduini al Prater di Vienna.
1891 Grandiosa mostra di arte egizia nell'ambito dell'inaugurazione dell'Hofmuseum di Vienna
1891 I traveller's cheque della compagnia American Express permettono di viaggiare senza denaro contante.
1892 L'austriaco Max Herz Pascià costruisce il Museo di arte islamica al Cairo e ne assume la direzione.
1893 Cerimonia di inaugurazione del Pera Palace Hotel a Costantinopoli riservata ai passeggeri dell'Orient Express
1895–1898 La Zecca austriaca invia in Oriente 14,2 milioni di talleri di Maria Teresa; durante la Prima guerra mondiale, Lawrence d'Arabia e il suo antagonista Alois Musil useranno le ambite monete per ricompensare

tuts in Wien. Ausgrabungen unter anderem in Ephesos und bei den Pyramiden, Zweigstellen in Athen, Konstantinopel und Smyrna.

1898 Karl May zu Gast in Wien, er liest u.a. aus seinen Orientbänden.

1898 Erste Volkspilgerfahrt aus Österreich-Ungarn ins Heilige Land, organisiert vom Brixner Palästina-Pilgerverein unter der Leitung des Pilgerobersten Heinrich Himmel.

1898 Eisenbahnstrecke Kairo – Luxor wird eröffnet.

1899 Eröffnung des Catarakt Hotel in Assuan, eines der luxuriösesten Grand Hotels der Welt.

1906 Etwa 70.000 Touristen besuchen in der Wintersaison Ägypten.

1907 Eröffnung des Luxor Winter Palace Hotel, beliebter Treffpunkt mondäner Reisegesellschaften.

1908 Eröffnung eines österreichischen Krankenhauses in Alexandria.

1908 Die Monarchie annektiert Bosnien-Herzegowina, antiösterreichische Ausschreitungen in der Levante. Die Krise kann durch eine Entschädigungszahlung entschärft werden.

1910 Uraufführung der Oper »Salome« von Richard Strauss an der Wiener Volksoper.

1911 Expresslinie des Österreichischen Lloyd, Triest – Alexandria in drei Tagen.

1912 Erster Balkankrieg. Griechenland, Serbien, Montenegro und Bulgarien gegen die Türkei. Vielvölkerstaaten wie Österreich-Ungarn und das Osmanische Reich geraten durch nationalistische Strömungen zunehmend in existentielle Krisen.

1913 Zweiter Balkankrieg, die Türkei gewinnt den heutigen europäischen Teil zurück.

1914 Tödliches Attentat auf den österreichischen Thronfolger Franz Ferdinand in Sarajevo.

1914 Ausbruch des Ersten Weltkriegs. Schließung der österreichischen Levante-Postämter. Die Schiffe des Österreichischen Lloyds werden von der österreichischen Kriegsmarine eingezogen, die nach dem Krieg verbliebenen an die Siegermächte verteilt. Die meisten Levante-Konsulate mussten kriegsbedingt geschlossen werden, zahlreiche Österreicher wurden von den Alliierten festgesetzt, österreichische Firmen und Einrichtungen beschlagnahmt

1914 Kriegseintritt der Türkei auf Seiten Österreich-Ungarns, des Deutschen Reiches und Bulgariens. Österreichische Einheiten marschieren bis an den Suez-Kanal.

1918 Untergang Österreich-Ungarns, Gründung der Republik Österreich. Die vielfältigen Beziehungen Österreich-Ungarns zum Orient endeten vorerst mit dem Ersten Weltkrieg.

1922 Untergang des Osmanischen Reiches, Mustafa Kemal Atatürk gründet 1923 die Republik Türkei.

i guerrieri beduini.

1898 *Viene fondato l'imperialregio* Archäologisches Institut *a Vienna il quale effettuerà scavi a Efeso e presso le priamidi, e aprirà proprie sedi ad Atene, Costantinopoli e Smirne.*

1898 *Letture pubbliche a Vienna dell'autore Karl May, il quale presenta le sue opere ambientate in Oriente.*

1898 *Primo pellegrinaggio popolare dall'Austria-Ungheria verso la Terra Santa, organizzato dall'associazione dei pellegrini brissinesi Palästina e guidato dal «capitano» dei pellegrini Heinrich Himmel*

1898 *Viene inaugurata la linea ferroviaria tra il Cairo e Luxor.*

1899 *Apre il Cataract Hotel di Assuan, uno dei grand hotel più lussuosi del mondo.*

1906 *Circa 70.000 turisti visitano l'Egitto nella stagione invernale.*

1907 *Apre il Luxor Winter Palace Hotel, molto apprezzato dai turisti che fanno vita mondana.*

1908 *Inaugurazione di un ospedale austriaco ad Alessandria d'Egitto*

1908 *L'annessione della Bosnia-Erzegovina da parte dell'Impero austroungarico provoca disordini antiaustriaci nel Levante; la crisi viene disinnescata col pagamento di un risarcimento.*

1910 *Prima dell'opera* Salomé *di Richard Strauss alla* Volksoper *di Vienna*

1911 *Il Lloyd austriaco crea un servizio espresso che copre in 3 giorni la distanza Trieste-Alessandria d'Egitto.*

1912 *Prima guerra dei balcani: Grecia, Serbia, Montenegro e Bulgaria si alleano contro la Turchia; gli stati multietnici come l'Austria-Ungheria e l'Impero ottomano risentono delle correnti nazionaliste, precipitando in una crisi esistenziale.*

1913 *Nella seconda guerra dei Balcani, la Turchia riconquista quello che oggi rappresenta il suo territorio europeo.*

1914 *L'erede al trono d'Austria Francesco Ferdinando perde la vita in un attentato a Sarajevo.*

1914 *Scoppia la Prima guerra mondiale. Chiusura degli uffici postali austriaci nel Levante; le navi del Lloyd austriaco sono requisite dalla Marina militare, quelle che sopravviveranno alla guerra saranno spartite tra le potenze vincitrici; la guerra decreta la chiusura della maggior parte dei consolati austriaci nel Levante; gli Alleati arrestano numerosi cittadini austriaci e sequestrano ditte e strutture austriache.*

1914 *Entrata in guerra della Turchia, alleata dell'Austria-Ungheria, dell'Impero tedesco e della Bulgaria; unità austriache raggiungono il Canale di Suez.*

1918 *Tramonta l'Impero austroungarico, nasce la Repubblica austriaca; la guerra interrompe i molteplici legami tra l'Austria e l'Oriente.*

1922 *Fine dell'Impero ottomano; nel 1923, Mustafá Kemal Atatürk fonda la Repubblica turca.*

Reisebibliothek (*) ## Letteratura di viaggio (*)

AGSTNER, Rudolf (Hg.): Österreich und Ägypten. Beiträge zur Geschichte der Beziehungen vom 18. Jahrhundert bis 1918. Kairo 1993 (= Schriftenreihe des Österreichischen Kulturinstitutes Kairo; Bd. 4)
AGSTNER, Rudolf: 125 Jahre Suezkanal. Österreich (-Ungarn) und seine Präsenz am Isthmus von Suez. Die Geschichte der Konsulate in Suez, Ismailia und Port Said 1844–1956. Kairo 1995 (= Schriftenreihe des Österr. Kulturinstitutes in Kairo; Bd. 10)
AUSSTELLUNGSKATALOG: Der Lloyd in Triest, gestern – heute – morgen. Vom Österreichischen Lloyd zum Lloyd Triestino. Triest 1987
AUSSTELLUNGSKATALOG: Orient-Express. König der Züge. Nürnberg 1998
AUSSTELLUNGSKATALOG: Mit Szepter und Pilgerstab. Österreichische Präsenz im Heiligen Land seit den Tagen Kaiser Franz Josephs. Wien 2000
AUSSTELLUNGSKATALOG: Orient. Österreichische Maler 1848–1914, Salzburg 1997. Erweiterte Neuauflage: Orientalische Reise, Malerei und Exotik im späten 19. Jahrhundert. Wien 2003.
BAUER, Ernest: Zwischen Halbmond und Doppeladler. 40 Jahre österreichische Verwaltung in Bosnien-Herzegowina. Wien/Müchen 1971
BAEDEKER'S REISEHANDBÜCHER: Ägypten und Sudan. Leipzig 1902
BAEDEKER'S REISEHANDBÜCHER: Palästina und Syrien. Leipzig 1908
BAEDEKER'S REISEHANDBÜCHER: Konstantinopel und das westliche Kleinasien. Leipzig 1905
BERNARD, Veronika: Österreicher im Orient. Eine Bestandsaufnahme österreichischer Reiseliteratur im 19. Jahrhundert. Wien 1996
BIEN, Helmut/GIERSCH, Ulrich: Reisen in die große weite Welt. Die Kulturgeschichte des Hotels im Spiegel der Kofferaufkleber von 1900 bis 1960. Dortmund 1988
BUCHMANN, Bernhard Michael: Österreich und das Osmanische Reich. Wien 1999
COMITÉ DER PILGERFAHRT – Diözese Brixen: Pilgerführer für die Theilnehmer an der Papst- und Kaiser-Jubiläums-Pilgerfahrt nach dem Heiligen Lande. Brixen 1898 (Zitat/citazione: 22.10.1899/8 f./sg.)
CROMER, Earl of: Das heutige Aegypten. 2 Bde., Berlin 1908
DJAVIDAN HANUM, Prinzessin: Harem. Erinnerungen der früheren Gemahlin des Khediven von Ägypten. Urspr. erscheinen 1930, Nachdruck Berlin 1988

ENZENSBERGER, Hans Magnus: Eine Theorie des Tourismus. Frankfurt 1962
FISCHER, Robert-Tarek: Österreich-Ungarns Kampf um das Heilige Land. Kaiserliche Palästinapolitik im Ersten Weltkrieg. Frankfurt/M. 2004
GOST, Roswitha: Der Harem, 2. Aufl. Köln 1994
GUERVILLE, A.B. de: Das moderne Ägypten. Leipzig 1906 (Zitat/citazione: 25.11.1899/84, 9.12.1899/34 f./sg.)
HAMMER-PURGSTALL, Josef Freiherr von: Der Tausend und einen Nacht noch nicht übersetzten Märchen, Erzählungen und Anekdoten. 3 Bde., Stuttgart/Tübingen 1823–1824. Auswahl Nördlingen 1986
HARTLEBEN'S VERLAG: Illustrierter Führer durch Triest und Umgebung. Wien/Leipzig 1913 (Zitat/citazione: 8.1.1900/11 f./sg.)
HIMMEL, Heinrich von: Eine Orientreise, 3. Aufl. Wien 1886
HOFFMANN, Curt: Schöne Tage im Orient. Leipzig 1903 (Zitat/citazione: 11.10.1899/180 f./sg., 17.10.1899/149, 21.10.1899/95, 25.10.1899/89, 3.11.1899/110, 5.11.1899/116, 6.11.1899/119, 10.11.1899/129, 8.1.1900/23 f. /sg.)
JUNG, Peter: Der k.u.k. Wüstenkrieg. Österreich-Ungarn im Vorderen Orient 1915–1918. Graz/Wien/Köln 1992
KIRCHNER, Irmgard/PFEISINGER, Gerhard (Hg.): Weltreisende. ÖsterreicherInnen in der Fremde. Wien 1996
LECHNER, Melchior: Die Tiroler Pilger im heil'gen Land, als das Jahrhundert am Beginne stand. Gedenkbuch an die beiden Tiroler Pilgerzüge nach Jerusalem im September und Oktober 1901. Innsbruck 1902
LEICHT, Hans (Hg.): Ein Harem in Bismarcks Reich. Das ergötzliche Reisetagebuch des Nasreddin Schah 1873. Tübingen/Basel 1969
LOTI, Pierre: Im Land der Pharaonen. Dresden um 1910 (Zitat/citazione: 10.12.1899/111)
MAYER, Hans: Ägypten. Reisebilder. Wien/Leipzig 1909 (Zitat/citazione: 24.11.1899/153 f./sg., 25.11.1899/74, 26.11.1899/137, 29.11.1899/66 f./sg., 7.12.1899/182, 13.12.1899/227 ff./sgg., 14.12.1899/181, 7.1.1900/13)
MEADE, Martin/FITCHETT, Joseph/LAWRENCE, Anthony: Grand Oriental Hotels. New York 1987
MEYERS REISEBÜCHER: Palästina und Syrien, Leipzig/Wien 1902 (Zitat/citazione: 24.10.1899/48)

MEYERS REISEBÜCHER: Türkei, Rumänien, Serbien, Bulgarien. Leipzig/Wien 1902 (Zitat/citazione: 15.10.1899/22, 24.10.1899/142 ff./sgg.)
MEYERS REISEBÜCHER: Aegypten. Unter- und Ober-Aegypten bis zum 2. Katarakt. Leipzig/Wien 1895 (Zitat/citazione: 24.10.1899/72 ff./sgg.)
MEYERS REISEBÜCHER: Kleinasien und Griechenland. Leipzig/Wien 1901
MURAD EFEND (= Franz von Werner): Türkische Skizzen. 1. Bd., Leipzig 1877 (Zitat/citazione: 17.10.1899/1 f./sg.)
ÖSTERREICHISCHE LLOYD und seine Verkehrsgebiete. Egypten. Triest 1901
ÖSTERREICHISCHE LLOYD und seine Verkehrsgebiete: Constantinopel und Umgebung, Schwarzes Meer, Griechenland. Triest 1902
ÖSTERREICHISCHE LLOYD und seine Verkehrsgebiete: Palästina, Syrien, Kleinasien. Triest 1902
PATERA, Andreas: Posthorn und Halbmond. Die k.k. Post in der Levante. Stockerau 1988 (Ausstellungskatalog, siehe auch. »Postrundschau«, Wien 8/88)
PATERA, Andreas: Die k.k. Postämter in Syrien und in Palästina. In: Postrundschau 11/92 (Zitat/citazione: 19.10.1899)
PEMSEL, Jutta: Die Wiener Weltausstellung von 1873. Wien-Köln 1989
PESENDORFER, Friedrich: Vom Donaustrand ins Heilige Land. Gedenkbuch an den II. oberösterreichischen Pilgerzug nach Jerusalem. Linz 1905
RAE, W. Fraser: Das Reise-Geschäft. Ein Rückblick auf fünfzigjährige Thätigkeit. Cook & Son. Wien 1891
RAIDL, Ernst: Das österreichische Sankt-Georgs-Kolleg in Istanbul. Wien 1982
ROSCHITZ, Karlheinz: Wiener Weltausstellung. München/Wien 1889
RUDOLF, Erzherzog von Österreich: Zu Tempeln und Pyramiden. Meine Orientreise 1881. Wien 1881. Eine Auswahl hrsg. v. Leo Leitner, Salzburg 1994. Neu hrsg. v. Heinrich Pleticha, Lenningen 2005
SAID, Edward: Orientalism. London 1978.
SAMSINGER, Elmar: Morgenland und Doppeladler. Eine Orientreise um 1900. Wien 2006
SCHWEIZER Georg: Auf Urlaub im Orient. Reise-Erinnerungen. Berlin 1890 (Zitat/citazione: 12.10.1899/40, 27.10.1899/116 f./sg.)
SLATIN PASCHA, Rudolph: Feuer und Schwert im Sudan. Leipzig 1896
STEINBACH, Udo: Die Türkei im 20. Jahrhundert. Bergisch Gladbach 1996
STUMMER, Angelus: Pilgrims Reise-Erzählungen vom Tiroler-Vorarlberger Papst- und Kaiserjubiläums-Pilgerzuge. Brixen 1899
TOMENENDAL, Kerstin: Auf den Spuren der Türken in Wien. Wien 2000
WEISS, Walter: Im Land der Pharaonen. Ägypten in historischen Fotos von Lehnert und Landrock. Heidelberg 2004
WINKLER, Dieter/PAWLIK, Georg: Die Dampfschiffahrtsgesellschaft Österr. Lloyd. Graz 1986
VUITTON (Hg.): Luis Vuitton. Eine Reise durch die Zeit. 3. Aufl., Paris 1998
WOHNOUT, Helmut: Das österreichische Hospiz in Jerusalem. Wien/Köln/Weimar 2000
WURTH, Rüdiger: Österreichs orientalische Post durch Balkan und Levante. Klingenbach 1992

ANMERKUNG:
Einträge im Reisetagebuch, die am Ende mit einem (*) gekennzeichnet sind, enthalten Zitate aus den oben angeführten Publikationen. Sie sind hier in Klammer mit dem Datum des Reisebucheintrags sowie der Seite im Buch vermerkt.

NOTA:
I brani del diario contrassegnati da asterisco (*) contengono citazioni tratte dalle opere sopraindicate. Tra parentesi sono riportate la data della rispettiva annotazione sul diario e la pagina del libro.

Bildnachweis

Alle Ansichtskarten und Fotografien stammen aus der Sammlung des Autors, mit Ausnahme der freundlicherweise zur Verfügung gestellten Objekte aus den Sammlungen von:

Gesandter Prof. Dr. Rudolf AGSTNER (S. 160 oben)
Friedrich und Margit HOWIANETZ (S. 127)
MMag. Andreas PATERA (S. 161, 170 unten, 171, 193 unten)
ÖSTERREICHISCHE POST AG (S. 170 oben)
POSTKARTEN-VERLAG BRÜDER KOHN (S. 133, 135, 137 oben, 141, 154, 206 oben, 207 unten)
Dr. Klaus ROTTENBACHER (S. 120)
SANKT-GEORGS-KOLLEG (S. 160 unten)
TECHNISCHES MUSEUM WIEN (S. 55)
TEPPICHHAUS ADIL BESIM (S. 59, 149)
Nurith WAGNER-STRAUSS (S. 10)
Dieter WINKLER (S. 204 oben, 205 unten, 207 oben)
Dr. Georg ZEPHAROVICH (S. 93, 98, 178, 179, 200 unten)
DRUCKEREI A. WEGER BRIXEN (S. 88, 97)

Ein Dank geht an das FILMARCHIV AUSTRIA WIEN.

Referenze fotografiche

Le cartoline illustrate e gli oggetti riprodotti nel presente catalogo fanno parte della collezione privata dell'autore, salvo il materiale esposto per gentile concessione di:

Gesandter Prof. Dr. Rudolf AGSTNER *(p. 160 in alto)*
Friedrich e Margit HOWIANETZ *(p. 127)*
MMag. Andreas PATERA *(pp. 161, 170 in basso, 171, 193 in basso)*
POSTE AUSTRIACHE SPA *(p. 170 in alto)*
POSTKARTEN-VERLAG BRÜDER KOHN *(pp. 133, 135, 137 in alto, 141, 154, 206 in alto, 207 in basso)*
Dr. Klaus ROTTENBACHER *(p. 120)*
SANKT-GEORGS-KOLLEG *(p. 160 in basso)*
TECHNISCHES MUSEUM VIENNA *(p. 55)*
TEPPICHHAUS ADIL BESIM *(pp. 59, 149)*
Nurith WAGNER-STRAUSS *(p. 10)*
Dieter WINKLER *(pp. 204 in alto, 205 in basso, 207 in alto)*
Dr. Georg ZEPHAROVICH *(pp. 93, 98, 178, 179, 200 in basso)*
DRUCKEREI A. WEGER BRIXEN *(pp. 88, 97)*

Si ringrazia il FILMARCHIV AUSTRIA WIEN.